FEU MIETTE,

FANTAISIES D'ÉTÉ.

OUVRAGES DU MÊME AUTEUR.

Philosophie de la Pantomime, brochure grand in-18 (épuisée);

Pierrot, valet de la mort, pantomime en six tableaux, représentée le 25 septembre 1846, aux Funambules;

Pierrot pendu, pantomime en douze tableaux, représentée le 11 janvier 1847, aux Funambules;

Pierrot marquis, pantomime en dix tableaux, représentée le 8 octobre 1847, aux Funambules;

Chien-Caillou, fantaisies d'hiver, 1 vol. in-18, format anglais.

Pauvre Trompette, fantaisies de printemps, 1 vol. in-18, format anglas.

POUR PARAITRE INCESSAMMENT '

Les Grands Hommes du ruisseau, 1 vol. grand in-8°, avec portraits et autographes.

Les Excentriques d'aujourd'hui.

Les Dieux et les Apôtres du 19ᵉ siècle.

EN PRÉPARATION :

Histoire des Arts egyptiens

LAON — IMP DE FD FIEFRY ET C SVFFGNY

FEU MIETTE

FANTAISIES D'ÉTÉ

PAR

CHAMPFLEURY

—◦◦—

PARIS

MARTINON, RUE DU COQ-SAINT-HONORÉ.

SARTORIUS, 17, QUAI MALAQUAIS.

——

1847

A M. HONORÉ DE BALZAC.

MONSIEUR,

Vous êtes pour moi la preuve la plus saillante de l'impuissance de la critique ; calomnies, accusations mensongères, vie privée, vie publique, on a tout essayé contre vous. De tout cela il est resté — la COMÉDIE HUMAINE.

J'ai souvent entendu dire que vous n'étiez pas populaire ; je le croyais et je me l'expliquais par votre opinion sur Stendhal : « Il y a tout au plus » en Europe douze cents personnes capables de » comprendre la Chartreuse de Parme » ; mais

1

un fait que j'ai vu dans la province m'a démontré mon erreur.

Il est dans le Laonnois une bibliothèque publique bourrée jusqu'au cou de livres de bénédictins, respectables in-folios recouverts d'autant de poussière que les singes empaillés qui se voient au même endroit. Cette bibliothèque a acheté la *Comédie humaine;* et vous êtes, Monsieur, le seul vivant entre tous ces morts. Au fond les bénédictins sont vos frères, et il eût été impossible de mieux choisir parmi les littérateurs actuels. Votre œuvre, Monsieur, a donné la vie à cette bibliothèque ; les lecteurs arrivent ; les bibliothécaires s'étonnent d'entendre demander des volumes ; on a enlevé les toiles d'araignée qui se promenaient sur les singes.

Votre nom, Monsieur, est par là dans toutes

les bouches ; j'ai entendu discuter des affaires de famille, non pas avec le code à l'appui, mais avec votre œuvre. Ce petit pays est maintenant aussi fier de vous connaître, que la Touraine de vous avoir donné naissance.

Il y a bien sous ce fait une question de librairie que vous ne manquerez pas d'apercevoir ; mais je doute que le Laonnois achète jamais des livres, et le dommage n'est pas important.

Il est si rare aujourd'hui, Monsieur, de voir la critique s'occuper de vos œuvres, que vous me permettrez de dire ici combien vous inspirez de dévotion à quelques jeunes gens qui essaient à grand peine de trouer les vingt couches de médiocrités en possession des journaux et des revues. J'ai beaucoup lu ce qui s'est imprimé sur vos œuvres ; je n'y ai rien compris. Il m'a fallu étudier vos préfaces et vos quelques articles de critique malheureusement épars et qui devraient être réunis en volumes pour l'éducation des gens qui songent encore à étudier. Aussi écrivais-je ceci, il y a un an, dans une revue, à propos de la fameuse lettre adressée à un de vos malencontreux *admirateurs* :

« Il n'y a que deux façons de critiquer M. de
» Balzac. La plus simple est de *comprendre* ses
» œuvres et d'écrire un article où se résume-
» rait l'idée qui a servi de base à la *Comédie*
» *humaine*. Le second moyen, presqu'impossible
» à la littérature actuelle, consisterait à s'en-
» fermer un an, à étudier scrupuleusement, dans
» les moindres détails, — comme l'exigerait l'é-
» tude d'une langue ardue, — non seulement la
» *Comédie humaine*, mais toutes les éditions des

» romans de M. de Balzac. Ce travail ne sera
» pas fait de sitôt. Peut-être dans vingt ans,
» dans cinquante ans, quand dix lettrés patients
» auront amassé les principaux matériaux, un
» homme d'une grande intelligence profitera-t-il
» de ces travaux et les reliera-t-il en un vaste
» et grand commentaire. Nous disons commen-
» taire et non pas critique ; car une des raisons
» qui rendent la critique impossible, c'est qu'il
» faut une intelligence égale à celle de l'artiste
» pour l'expliquer à la foule. Or, ces intelligences
» ne se font jamais critiques, sinon par hasard. »

Ce qu'on a écrit de meilleur sur vous, Monsieur, vient de Cuvier ; il parlait d'Homère :
« Dans l'antiquité, la poésie était l'interprète de
» la science ; ainsi Homère était le plus savant
» naturaliste de son temps. Toutes les fois qu'il

» décrit une blessure, il décrit avec la plus grande
» justesse les parties du corps par où le javelot
» a passé ; jamais il ne fait périr un guerrier
» d'une blessure qui ne soit pas mortelle. Quand
» il parle d'un animal, d'une plante, d'une
» substance minérale, il les décrit toujours d'une
» manière vraie et précise. » Ne retrouve-t-on
pas dans ces quelques lignes toute votre science ;
à la place de l'histoire naturelle, mettez la société
du 19ᵉ siècle, cette société si étrange, si fan-
tastique et si réelle, si triste et si comique qu'il
fallait l'alliage de Shakespeare, de Rabelais, de
Molière et de Dante pour l'expliquer. Aussi,
Monsieur, vous avez monté de dix coudées le
ROMAN ; et ceux-là qui parlent encore de *Gil
Blas*, ce long récit fatigant, ne savent pas lire
la *Comédie humaine*.

LE FUENZÈS

LE FUENZÈS

—

I.

L'HÔTEL DE LA RUE DES JEUNEURS.

Une partie des commissaires-priseurs qui, jadis, formaient une corporation très-unie, abandonna, il y a quelques années, l'hôtel de la place de la Bourse, spécialement affecté aux ventes publiques, soit par suite de saisie, soit par suite de décès.

Les commissaires-priseurs opposants fondèrent, à deux pas de cet hôtel, une maison de concurrence active, qui prit le nom de la rue, et que les marchands et le public connurent bientôt sous le titre d'*Hôtel de la rue des Jeûneurs*.

On arrive aux salles de ventes par un long vestibule couvert qui donne sur une cour. A gauche de cette cour est un hangar sous lequel sont entassés les objets vendus, que les garçons de l'hôtel lient et emballent pour les porter à leurs nouveaux propriétaires.

Les salles de vente sont exhaussées du sol par trois marches menant à une porte de bois à deux battants, lorsque les ventes sont suspendues : deux fausses portes, en damas rouge, indiquent aux visiteurs que les ventes sont reprises.

A droite, en entrant, sont trois grandes salles latérales où se vendent des meubles, des tapis et des objets d'art ; la quatrième salle du fond, plus grande, mieux éclairée, sert en général aux expositions de tableaux.

A la porte de cette salle, des groupes de curieux lisaient une affiche ainsi conçue :

« Vente après le décès de M. Bigot, ancien avoué, les 23 et 24 novembre 1840, à deux heures de l'après-midi, et jours suivants :

» D'une magnifique collection de tableaux anciens et modernes, principalement de l'école espagnole.

» Miniatures, objets de curiosité, tels que meubles, coffres en marqueterie, écaille et bois de rose, bronze, porcelaines de Sèvres, de Chine, du Japon, de Saxe, ivoires et bois sculptés, boîtes à bas-reliefs, en argent repoussé et ciselé, objets d'ivoire et pierre dure, bustes en marbre, armes, vitraux suisses anciens et verres de Suisse, émaux de Limoges, terres de Bernard de Palissy et Fuenza, etc.

» Superbes tableaux de Murillo, Velasquez, Claude Coello, Alonzo Cano, Zurbaran, Ariemons, Pierre Francione, don François de Solis, Arellano, Alvarez de Nava, Antolinez, François de Sarabia, Hoites Saguiere, Fernandez de Guadeloupe, Laurent Alvarez, Amaya, Villacis, Sébastien

Numoz, don Munoz de Guevara, Sevilla Romeio
d'Escalante, Jean d'Arevalo, Joseph Leonardo,
Atias Fernandez, Caevas, Manuel Acevedeo,
Michel d'Aguila, Martinez, Arjona, Santo Domingo,
Ferdinand Gallegos, Jean de Valdes Léal, Bar-
thelemi Perez, Greco, Gonzalès de la Vega, etc.

» Les adjudicataires paieront 5 centimes par
franc.

» Me Gallet, commissaire‐priseur, rue du
Faubourg-Montmartre, 23, assisté de M. Chinon,
expert, rue des Saint-Pères, 15. »

Il était une heure de l'après‐midi, et la foule
se pressait dans les corridors, quoique la vente
ne fût annoncee que pour deux heures; mais
cette exposition offrait aux amateurs et aux artistes un plus grand intérêt que les ventes accou-
tumées.

Les tableaux espagnols sont rares à Paris; si
l'on excepte le musée espagnol du Louvre, la
galerie du maréchal Soult, que peu de personnes
ont visitée, et la galerie Aguado, aujourd'hui

dispersée en Angleterre, en Russie, en France, il est difficile de trouver une toile espagnole dans les collections particulières.

Nous avons longtemps vécu en France sans nous douter qu'il existât une école de peinture en Espagne; et sans l'heureuse mission du baron Taylor, nous en serions encore à nous contenter du *Pouilleux* de Murillo qui se trouve dans la galerie italienne, et qui ne peut que donner une fausse et déplorable idée de la riche école qui a produit Vélasquez, Zurbaran, Ribeira, Cano, le Greco, Goya, et tant d'autres grands peintres.

Les artistes formaient la majorité de cette foule. L'école espagnole n'a pas encore pris racine chez les amateurs qui s'enthousiasment volontiers et dépensent des sommes fabuleuses pour un Watteau, pour un Teniers, mais qui *ont peur* d'un Zurbaran.

Les amateurs sont guidés dans cette répulsion par trois motifs. Ils n'aiment pas les grands tableaux, et l'école espagnole a peu produit de tableaux de genre. D'un autre côté, les *motifs*

de ces peintures sont trop cruels ou trop san-
glants pour les admirateurs des bergerades de
Boucher et des *blaireauteries* fami ières de Gérard
Dow. Enfin, la peinture espagnole d'un réalisme
si saisissant, si vrai, ne peut pas plaire dans un
pays dont les représentants à l'étranger sont
MM. Duval le Camus père, Lepoitevin, Lapito,
et où les cinq sixièmes de la nation insultent au
génie de M. Eugène Delacroix.

Les artistes étaient donc venus en foule assister
aux derniers moments de cette collection, remar-
quable en ce sens qu'elle faisait connaître des
noms et des œuvres de peintres espagnols qui
n'existent pas sur le catalogue du musée du Louvre.

Les marchands de tableaux s'étaient assis sur
les bancs de bois autour de la table circulaire où
l'on étale les objets à l'enchère. Ces bancs sont
les places privilégiées, attendu qu'il est facile de
voir tous les objets en vente, qu'on peut les
toucher tous, et examiner rapidement si une
fente, un accroc, des *repeints*, n'ont pas réparé

l'irréparable outrage dont les tableaux , les porcelaines et les ivoires sont si souvent entachés.

Dans la salle, cinq à six artistes s'étaient groupés
de façon à masquer un de leurs amis qui dessinait
une singulière figure, fort occupée à regarder un
tableau. — Ce doit être , dit l'un des artistes , un
amateur.

— Non , répondit un autre , il a un habit. Un
amateur n'a jamais d'habits ; s'il en a, ils servent
à habiller les porte-manteaux. L'amateur, comme
le bibliophile , jouit d'une redingote recélant des
poches où vont s'engouffrer les livres, les statuettes
et tout objet d'art , petit et non casuel.

— Alors, c'est un peintre en miniatures : à
coup sûr, il a vieilli dans cet art intéressant, et
il demeure galerie de Valois , au Palais-Royal.

— Pas davantage : un peintre en miniature
deviendrait fou devant un tableau espagnol.....
Tenez , ce bonhomme a l'air de s'y connaître, il
vient de cracher sur la toile.

— Il a craché, dit un autre, ç'est un marchand de tableaux.

— Oh ! que vous n'y entendez rien, dit à son tour le dessinateur. Regardez ces marchands attablés : ils sont tous gros et rouges, avec des habits aussi sales qu'un portrait de famille dans un grenier. Ils sont grossiers et mal embouchés, vos marchands, et cet original a de fort bonnes manières, malgré son habit noir qu'on dirait tissé par une araignée.

— Eh bien ! profond observateur, dis-nous la profession, l'âge et la demeure de cet homme?

— Si j'étais Mme Clément, l'auteur du Corbeau sanglant, dit le peintre, et que j'eusse eu l'honneur de succéder à Mlle Lenormand, je pourrais vous faire croire à ma science ; mais j'avoue que cet homme me déroute. Il a un œil vairon qui exerce une grande influence sur la physionomie.

— Et le nez, une vrille ! Ce nez-là percerait une planche.

— Avez-vous remarqué, dit le dessinateur,

les chairs du cou, qui semblent un paquet de cordes naturelles pour le pendre. Et ces cheveux plats et gris qu'on dirait appartenir à un général de l'armée d'Italie.

— Il a des mains, dit un autre, d'avare-poncif ou de violoniste éreinté.

— Voyez-vous le dandinement du corps, une manie particulière aux bêtes enfermées et aux idiots, répliqua le dessinateur. Cet homme-là, je le connais, je me le rappelle maintenant...

— Bah! s'écrièrent les artistes, curieux de vérifier leurs observations.

Le peintre enferma dans un carton son croquis terminé, et dit à ses amis :

— J'ai rencontré cet original dans un roman d'Hoffmann.

II.

LE DESSOUS DES VENTES AUX ENCHÈRES.

Non loin des artistes causaient deux hommes,

dont l'un ventru et joyeux répondait par un signe de tête protecteur à toutes les salutations qui lui étaient adressées. Il s'appelle Pigoreau, et les collectionneurs les plus riches, quoique lui disant *père Pigoreau*, ne lui en témoignent pas moins de respect.

Père Pigoreau est le doyen des marchands de tableaux de Paris. Ce fut lui qui acheta une partie de la galerie Lebrun, formée par le citoyen Le-brun, le même qui occupa tout le public artiste sous la révolution, sous le directoire, en épousant Mme Vigée-Lebrun, peintre, dont le mariage n'eut pas d'heureuses suites.

Avec la moitié de la collection Lebrun, — assez célèbre pour obtenir les honneurs de la gravure, — père Pigoreau, jeune alors, n'eut pas de peine à se faire une réputation. Il voyagea à l'étranger et il acheta à peu de frais des toiles précieuses dont les évènements politiques, les guerres, les révolutions avaient annihilé la valeur.

Père Pigoreau n'était rien moins qu'érudit, rien

moins que savant en beaux-arts ; mais la manipulation des toiles avait développé chez lui un certain sens qui fait que le marchand le plus épais en apparence, surpasse souvent en connaissances réelles des artistes distingués. Au fond, c'est de l'instinct animal qui se rapproche du flair des chiens. La meilleure preuve de ceci gît dans un mot de ses confrères jaloux qui disaient de lui : « C'est un homme qui a un fier nez. »

Pigoreau eut donc *le nez* d'acheter en province, vers l'année 1831, tout ce que le dix-huitième siècle avait laissé de panneaux, de trumeaux, de peintures, de pastels et de dessins. Il écoula ses maîtres italiens, ses flamands ; et un beau jour son premier étage, — car il n'eut jamais de boutique, — se trouva garni de Coypel, de Vanloo, de Boucher, de Wateau, de Fragonard, de Lancret, de Pater, de Greuze, enfin, de toute la charmante pléiade des peintres de LL. MM. Louis XV et Louis XVI.

En un an, Paris s'éprit d'une violente passion

pour ces œuvres légères qui convenaient si bien
aux mœurs et aux habitudes des habitants du
quartier Notre-Dame-de-Lorette. Quelques littérateurs se laissèrent prendre à ce *renouveau*,
et chantèrent sur tous les tons le *génie* de Boucher et des autres peintres d'opéra. Au bout de
quatre ans, Pigoreau avait réalisé d'énormes
bénéfices ; il continua à brocanter comme par le
passé ; seulement, un soir en se couchant, il dit
à sa femme, après avoir inspecté ses livres :

—Madame Pigoreau, nous avons 25,000 livres
de rente.

Mᵐᵉ Pigoreau, brave femme, mais d'une intelligence douteuse et qui n'avait jamais eu vent
des affaires de son mari, poussa un cri de terreur.
Elle crut un moment que Pigoreau faisait partie
d'une bande de voleurs.

— Eh non ! bonbonne, dit en riant le marchand, c'est tout simple. Les Parisiens *ont coupé
dans le Louis XV.*

Mᵐᵉ Pigoreau, quoiqu'elle ne comprît pas cet

argot, fut rassurée. Quelques jours après, le marchand lui présenta un jeune homme à qui il venait de vendre son fonds. Ce jeune homme devait rester un an sous la tutelle du marchand.

C'était avec lui que se trouvait Pigoreau à la salle de la rue des Jeûneurs. Il pilotait ainsi son successeur dans toutes les ventes, le présentait aux amateurs et lui enseignait toutes les roueries des commissaires-priseurs.

— Tu vois toute cette foule, Antoine, lui dit-il, eh bien ! ce sera une triste vente. C'est presque tous artistes, ils regardent ; ils voudraient peut-être bien acheter, mais ils n'achètent pas. Nous autres marchands, nous ne voulons pas d'Espagnols, c'est trop noir. Ah ! dans un temps, le tableau espagnol aurait pu être poussé, quand on s'occupait de meubles gothiques. Un ameublement sombre avec des assassinats de saints, des martyrs enfin, ça allait bien ensemble. Mais aujourd'hui que le gothique ne vaut pas quatre sous, — il n'y a plus que les peintres qui en

ont, et ils voudraient bien le vendre la moitié de
ce qu'il leur a coûté. — Qu'est-ce que tu veux
qu'on fasse de ces grands diables de tableaux,
peints avec du sang et des fonds de suie pour
repoussoir? — Alors, dit le jeune homme, pourquoi sommes nous venus ici perdre notre temps?

— Oh! Antoine, dit le père Pigoreau, tu
blasphèmes. On ne perd jamais son temps aux
ventes, même quand on n'achète pas... Il faut
savoir où vont les tableaux, le prix de chacun
de ces tableaux; vous n'en achetez pas, ça ne
fait rien. J'ai chez moi près de quinze mille ca-
talogues annotés; si tu les savais par cœur, Antoine, tu serais plus savant que moi. Les tableaux
haussent et baissent comme le pain. Aujourd'hui
la vente ne sera pas intéressante. Ils vont commencer par leurs *drogues* en porcelaine.

Pigoreau, en sa qualité de marchand de tableaux, avait horreur des curiosités et les dénigrait
perpétuellement.

— Les commissaires-priseurs en ont pour deux

jours de *béuses* à vendre. Tu as vu le catalogue?

— Oui , dit Antoine.

— Eh bien! tous ces brics-à-bracs mis en vente n'ont jamais appartenu à ce pauvre M. Bigot. Les vrais propriétaires sont là, assis autour de la table. C'est indigne , vois-tu , les ventes de tableaux. Il meurt un amateur : on annonce sa galerie, on fait des affiches ; tu crois qu'on va vendre ses toiles. Pas du tout, on vend les *breloques* des marchands.

— Pourquoi les commissaires-priseurs ne s'opposent-ils pas à cela? demanda Antoine.

— Eh ! voilà le malheur; ils tiennent les marchands , et les marchands les tiennent. Les marchands leur disent : « Vendez nos fonds de magasin et nous achèterons vos tableaux. » Tiens, regarde là-bas ces deux bustes en marbre ?

— Sur la console en bois de rose? demanda Antoine.

— Précisément. Eh bien, ces deux bustes font depuis six mois le chemin de l'hôtel Bullion à la rue des Jeûneurs, et de la rue des Jeûneurs à l'hôtel Bullion. Ils resteront dans toutes les ventes jusqu'à ce qu'un badaud ait mis une enchère convenable. Ah! si le malheureux Bigot pouvait voir sa galerie entourée de ces rocailles!

— Vous ne savez pas encore pourquoi il s'est suicidé?

— Hélas! on ne sait pas. On l'a trouvé baigné dans son sang devant une croûte. Voyons, où est-elle?

Pigoreau mit sa main devant ses yeux comme un garde-vue.

— Tiens, dit-il, c'est don Géronias qui me la cachait. Ah! il faut que je lui parle.

Tous deux se dirigèrent vers le vieillard qui avait servi de point de mire aux plaisanteries des artistes : Pigoreau l'aborda poliment.

— Bonjour, *Monsieur* don Géronias, lui dit-il...

L'étranger répondit d'une voix aigre comme du vinaigre :

— Hé! c'est vous, monsieur Pigoreau... Adieu.

Et il tourna les talons, mécontent sans doute d'avoir été troublé dans son observation du tableau.

— Vous partez, dit Pigoreau sans se déconcerter de cet accueil, je vais justement de votre côté. Nous allons, dit-il à Antoine, nous faire raconter la mort de M. Bigot.

III,

HISTOIRE D'UN SUICIDE.

Géronias se laissa prendre le bras par Pigoreau.

— Ce pauvre M. Bigot, dit le marchand de tableaux en manière d'oraison funèbre, pourquoi ne s'est-il pas laissé mourir tout doucement ; il avait donc des chagrins ?

— Qu'en savez-vous ? demanda l'Espagnol.

Puis il changea brusquement la conversation.

— Croyez-vous que cette galerie se vendra cher ?

— Tout ça dépend, répondit le marchand ; est-ce que vous seriez amateur ?

— Oh! non, j'ai laissé à Madrid une galerie de beaucoup supérieure à celle-ci.

— Cependant, continua Pigoreau, vous regardiez un tableau depuis tantôt une heure.

— Hein? dit l'Espagnol en tressaillant.

— Là, avouez que cette toile de Fuenzès vous tente.

— Fuenzès... vous connaissez donc? demanda don Géronias tout troublé.

— Est-ce que je ne connais pas tout !... Fuenzès, parbleu, je ne connais que ça, répondit Pigoreau en poussant le bras d'Antoine, signe qui indiquait qu'il rusait dans ce moment l'Espagnol.

— C'est cependant un peintre très-médiocre.

— Eh! dit le marchand, pas si médiocre que vous voulez bien le dire... Fuenzès est très-estimé en France.

— Vraiment ! reprit d'un ton inquiet Géronias.

— Et le tableau que vous regardiez ne manquera pas de chalands.

— Non... non. . ce n'est pas possible, s'écria

l'Espagnol ; n'est-ce pas qu'il n'y aura pas d'amateurs ?... Ce n'est pas vrai,... Fuenzès n'a pas de
talent.

— Que si ! que si ! continua Pigoreau pour
troubler son interlocuteur, et moi-même le premier.

— Oh ! ne l'achetez pas, je vous en prie, dit
en suppliant l'Espagnol.

— Ah ! vous y tenez donc, méchant ?

— Eh bien oui, je vous l'avoue, ce tableau,
c'est ma vie... Aidez-moi à l'acheter, et je vous
le paierai le double, s'il le faut.

— C'est convenu, dit Pigoreau, vous l'aurez,
mais à une condition : vous qui étiez si lié avec
le défunt, racontez-moi ce qui l'a porté au suicide.

— Ah ! M. Pigoreau, dit Géronias, en lui
serrant les mains, j'aurai le tableau, merci ; mais
vous me le promettez sûrement...

— C'est convenu. Ainsi, entendons-nous bien :
n'importe à quel prix ira le tableau, j'aurai cent
pour cent de commission.

— Oui, oui, oui, s'écria l'Espagnol.

» Maintenant, je vais vous dire comment je fis la connaissance de M. Bigot.

» J'étais chanoine à Madrid , poursuivit l'Espagnol , lorsqu'un étranger m'écrivit pour me demander la permission de visiter ma galerie. Je le reçus : il était très-aimable, et il passa quelques jours chez moi. M. Bigot venait pour acheter des tableaux espagnols ; je lui donnai tous les renseignements possibles pour aller dans quelques villes qui ont été fort maltraitées par les révolutions de notre malheureux pays. Comme l'argent est rare, il était facile de l'échanger contre des toiles.

» Six mois après, M. Bigot revint avec des caisses pleines de tableaux. Il me les montra ; je lui offris de lui donner un Murillo pour ce Fuenzès, qui provenait du cabinet d'un noble, fusillé juste un jour après avoir acheté ce tableau. Cette œuvre de Fuenzès avait été découverte dans le grenier d'un couvent de bénédictins par un jeune garçon , qui se laissa tomber d'une poutre très-elevée et fût tué sur le champ.

» M. Bigot refusa l'échange que je lui proposais, malgré la supériorité de mon Murillo. Je ne sais pourquoi je tenais à ce tableau ; il n'est qu'original et dessiné avec une grande naïveté. Mais on désire toujours ce qu'on n'a pas. Je fis de nouvelles offres à M. Bigot, deux, trois tableaux contre ; j'allai même jusqu'à lui donner quatre toiles en échange du Fuenzès. Il y mit de l'obstination, moi aussi. Je rêvais de cette toile ; je sentais que je ne pouvais plus être heureux sans elle. — Voulez-vous toute ma galerie ? lui dis-je un jour. Il refusa constamment. Il ne me restait plus qu'un parti à prendre. Je quittai Madrid en même temps que M. Bigot, non pour le suivre, mais pour suivre le tableau.

» M. Bigot trouva le procédé nouveau et m'offrit de loger chez lui, afin de jouir de la vue de *ma* toile si chère ; il me dit même en riant : « Je » vous la laisserai par testament. »

» Nous arrivons à Paris ; les premiers jours je fus distrait de mes affections par la vue de votre

grande ville si agitée. Mon ami fit bâtir une galerie bien éclairée pour y placer sa collection.

» Il y a un an, la galerie fut terminée. Nous
allons la visiter, moi curieux de revoir mon
Fuenzès. Il n'y était pas : Je l'ai donné à rentoiler, me dit M. Bigot. Vous pensez si je me
mis en colère. Quel talent ne faut-il pas pour
rentoiler un tableau ! Les ouvriers vont l'abîmer,
pensais-je. Je demandai à mon ami l'adresse de
son restaurateur, afin de lui donner des conseils;
Je m'y connais, moi qui avais soin de mes tableaux et qui ne souffris jamais nulle autre restauration que celles faites par moi.

» J'allai donc chez le marchand, rue de Seine,
un matin. Sa boutique était fermée; des draperies
noires servaient de rideaux à un cercueil près
duquel brûlaient des cierges. Le marchand de
tableaux était mort. »

— Ah ! je sais, dit Pigoreau, il s'est empoi-
sonné on ne sait trop pourquoi.

— Oui, dit le chanoine espagnol. Sa mort le

fit déclarer en faillite ; le tableau resta six mois sous les scellés. Enfin, il y a quelque temps, M. Bigot m'appela tout joyeux. Son Fuenzès venait de lui être rendu, Il était parfaitement restauré. Nous passâmes toute la journée à l'admirer. Le lendemain, j'entends un grand bruit dans la maison. On frappe à ma porte. Un domestique tout ému m'apprend que M. Bigot s'est suicidé dans la nuit. Je cours à sa chambre : il était étendu sur son lit, une large plaie au cou. Ses domestiques l'avaient trouvé le matin, étendu par terre, baigné dans son sang, une main crispée sur le tableau de Fuenzès. On n'a pu découvrir le motif qui l'avait amené à se suicider ; ses affaires étaient très, en règle, Comme je vous ai dit, j'avais passé la journée précédente avec lui, et rien ne m'avait paru changé dans ses facultés.

— Alors, dit Pigoreau, comment se fait-il que vous ne soyez pas aujourd'hui possesseur de ce tableau ?

— Ah ! on n'a pas trouvé de testament, et

ses héritiers naturels ont lait mettre la galerie en vente.

— Je comprends, dit Pigoreau, que vous teniez à ce tableau.

— Vous me le promettez toujours, dit le chanoine.

— Je vous le jure. Et comme don Géronias prenait congé de lui : Nous aurons soin, dit Pigoreau à son successeur, de faire monter le Fuenzès.

IV.

ENCHÈRES SUR ENCHÈRES.

Deux jours après cette conversation, Pigoreau entrait à l'hôtel des Jeûneurs avec son successeur et l'Espagnol. La foule avait diminué, les artistes ayant perdu leur temps à regarder vendre des poteries, des ivoires, des émaux, toutes sortes de choses fort curieuses, mais dont l'écoulement ne semblait pas avoir de terme.

Don Géronias jeta un coup-d'œil rapide sur tous les tableaux, et manifesta une grande surprise.

— Hé! dit-il en saisissant la manche de Pigoreau, le Fuenzès? le Fuenzès?

— Qu'est-ce qui vous prend? répondit le marchand.

L'Espagnol était inquiet; il fouillait de l'œil chaque coin de la salle.

— Il n'y est plus, le Fuenzès... Vous m'avez trompé; il est vendu.

Pigoreau fit la grimace. Il craignait qu'on n'eût vendu, dans un lot, l'affreux tableau (à son avis), mais qui devait lui rapporter d'assez beaux bénéfices.

— Attendez une minute, dit-il à l'Espagnol, il n'est pas perdu, bien sûr; je vais savoir,...

Et, sans laisser le temps à don Géronias de répondre, il le quitta, parcourut la salle, se glissa à travers les groupes et arriva près de la table où étaient assis divers marchands. Il frappa ru-

3

dement sur l'épaule d'un homme qui causait avec une revendeuse à la toilette.

— Dis donc, Crochard, où est passé le tableau recommandé?

— Ah! père Pigoreau, le malin des malins, toi qui fais la barbe à tout le monde, tu n'avais pas pensé à celui-là?

— Allons, parle! dit Pigoreau impatient.

Le marchand interpellé s'empara de la tête de Pigoreau et lui coula ces paroles dans l'oreille :

— J'ai fait mettre le Fuenzès dans un tas d'horribles toiles déchirées, en mauvais état.

Pigoreau rugit.

— Mais tu veux donc, buse, dit-il, que le lot se vende trois francs?

— C'est là que je t'attendais. Je ferai monter, monter le lot. Les marchands et les commissaires n'y comprendront rien d'abord; puis ils vont croire que le lot renferme une curiosité importante, un chef-d'œuvre. De cette façon, le Fuenzès ira dans un prix raisonnable.

— Très-bien, dit Pigoreau. Tiens, je t'avais promis dix du cent, tu auras quinze.

— Merci, vieux crocodile, dit le marchand en suivant de l'œil son confrère, qui retournait vers don Géronias.

Quand l'Espagnol eut appris ce que Pigoreau jugea prudent de lui dire, à savoir que le Fuenzès n'était pas vendu, il fit éclater sa joie par un ricanement étouffé.

— Pourrait-on le voir? demanda-t-il.

— Oh! ce serait imprudent; tout le monde se douterait de la valeur que vous attachez à cette toile, et les enchères monteraient trop haut... Dis donc, galopin, s'écria Pigoreau en s'adressant à un petit bonhomme en blouse et nu-tête, qui, depuis quelques minutes tournait autour de lui, ne pourrais-tu pas marcher par terre? Qu'est-ce que tu fais ici? Va plutôt à l'école.

Le gamin fit un pied de nez au brave marchand de tableaux et s'enfuit, passant entre les jambes

des curieux. En deux bonds, il fut auprès de
Crochard.

— M'sieur, lui dit-il, j'ai entendu père Pigoreau dire comme ça que, si on se doutait de
la valeur, les enchères monteraient trop.

— Je m'en doutais, dit Crochard en se frottant
les mains. As-tu pu savoir, demanda-t-il au
gamin, le nom de l'homme qui cause avec Pigoreau ?

— On ne sait pas son nom dans la salle, répondit l'intelligent gamin, mais il est Espagnol.

— Bon ! de mieux en mieux, fit Crochard qui
ne put dissimuler sa joie. Va-t-en à la boutique,
maintenant ; je n'ai plus besoin de toi.

L'enfant s'enfuit à toutes jambes, sans attendre
de nouveaux ordres.

— La vente va commencer, dit Géronias.
Voici Me Gallet, le commissaire-priseur.

— Messieurs, la vente est ouverte, dit le
commissaire-priseur, en s'installant à son bureau
et en frappant sur la table quelques coups de

son marteau d'ivoire, pour faire cesser le bruit
de la foule. Nous commencerons par quelques
tableaux de l'école française.

Un murmure violent accueillit ces paroles.

— Il n'y a que trois ou quatre toiles françaises,
Messieurs, dit le commissaire-priseur ; aussitôt
après, nous passerons à l'école espagnole.

Le garçon de vente apporta sur la table deux
Effet, de Neige.

— Messieurs, nous mettons aux enchères deux
tableaux du célèbre Malebranche, qui font pendant, deux très-jolis morceaux, d'un bel effet.

— Deux cents francs, dit le commissaire-
priseur.

On a vendu à l'hôtel Bullion et à l'hôtel des
Jeûneurs de quoi remplir le musée de Versailles,
avec les œuvres du *célèbre* Malebranche, un
peintre qui eut la spécialité des effets de neige,
et qui, non content de travailler constamment à
produire les mêmes *effets,* avait en outre un
atelier de jeunes gens occupés à copier sa manière.

Malebranche mort, ainsi que son école, les brocanteurs continuèrent cette spécialité, de telle
sorte qu'il existe en France près d'un million
d'*effets de neige* du *célèbre Malebranche*.

— Ça se vendra cinquante francs à un amateur, dit Pigoreau, et l'amateur sera refait de
trente francs.

Don Géronias s'était assis et paraissait impatient
de posséuer l'œuvre qu'il poursuivait depuis si
longtemps. Sa tête était enfouie dans ses mains.
Chaque fois que le commissaire-priseur annonçait
par trois coups de son marteau qu'un nouvel
objet était vendu, l'Espagnol sortait de son im-
mobilité et allongeait le cou pour voir si le tableau de Fuenzès n'apparaissait pas.

L'école française étant épuisée, le garçon de
salle apporta des cadres vermoulus sans toiles,
et des toiles éraillées sans cadres.

— Attention! dit Pigoreau à Géronias.

L'Espagnol se dressa sur ses deux jambes par
un soubresaut, et cligna de l'œil.

— Messieurs, dit le commissaire priseur, un lot de vieux cadres, de vieilles toiles en mauvais état. A combien? dit-il dédaigneusement en interrogeant du regard la galerie de marchands.

— Un franc, dit le garçon de bureau. Allons, Messieurs, vivement, s'il vous plaît.

Les marchands ruèrent leurs mains sur toutes ces vieilleries.

— Ah! cria hautement don Géronias, qui avait reconnu son tableau.

Toutes les têtes se retournèrent vers l'Espagnol.

— Silence! dit le garçon de bureau.

— Ne faites pas voir, dit Pigoreau bas à l'oreille de son client, que vous attachez de l'importance à cette toile.

— Je veux la voir, dit don Géronias.

— Non, non, dit Pigoreau; vous la doubleriez de prix.

— Un franc vingt-cinq, cinquante, soixante-quinze, deux vingt-cinq, dit le commissaire-priseur.

— Deux cinquante, soixante-quinze, trois
francs, continua le garçon de bureau.

A cinq francs les enchères des marchands de
tableaux s'arrêtèrent. Seul, Crochard continua
en se grattant le nez, à faire monter, par étages
de vingt-cinq centimes, la distance qui mène
de cinq à dix francs.

Un étranger aux habitudes de ces ventes
s'inquiéterait fort d'où partent les enchères re-
cueillies par les commissaires-priseurs. Les marchands ne parlent jamais, et il faut toute la naïveté
d'un novice amateur pour lancer un prix. Chaque
marchand a un signe particulier, un signe à lui
que connaissent tous les commissaires-priseurs.
Les uns tourmentent le bouton de leur redingote
(enchère); d'autres froncent le sourcil (enchère);
d'autres passent leur langue sur la lèvre (enchère);
d'autres bâillent (enchère); d'autres, c'est la façon
la plus connue, clignent des yeux (enchère); et
bien des petits moyens mystérieux dont le détail
serait trop long.

Crochard, lui, se grattait le nez pour indiquer qu'il surenchérissait ; aussi l'aile droite de son nez avait-elle souffert et considérablement rougi de ce commerce. A l'issue de certaines ventes, le nez de Crochard était pourpre, par la raison bien simple qu'il s'était *entêté*, — un mot de brocanteur.

Aussi un commissaire priseur doit-il envelopper de ses yeux toute l'assemblée et ne pas compromettre, par l'arrêt de son regard, le dernier enchérisseur qui a un intérêt à ne pas être connu.

Le lot, par les grattements de Crochard, monta à vingt francs. Les marchands commençaient à s'entre-regarder et à fixer l'amas de vieilles toiles qui ne leur apprenaient rien.

— Cent francs ! dit une voix dans la foule.

— Cent francs, répéta le commissaire-priseur en témoignant de l'étonnement. Voyons, Messieurs, à cent francs. Faites passer, Louis, dit-il au garçon de bureau, les toiles aux amateurs ?

Les marchands interrogeaient du regard les

cadres, les toiles moisies, les inspectaient avec un œil qui aurait voulu se changer en loupe; d'aucuns humectaient de salive les peintures, pour leur rendre momentanément le brillant du vernis absent.

— Deux cents francs, dit la voix.

Cette voix appartenait à l'associé de Crochard.

— Personne ne met au-dessus de deux cents francs? demanda le commissaire-priseur.

Pigoreau fit un signe affirmatif à Crochard qui se gratta le nez.

— Deux cent-cinquante.

A de certains moments, don Géronias tressaillait; ou bien quand les tableaux, passant de main en main, s'approchaient de lui, il étendait en avant ses mains longues et maigres, comme s'il eût voulu les saisir. Ce commerce n'avait pas échappé à Crochard, qui communiquait à tout moment, par le regard, avec Pigoreau. Aussi, quand il eut réfléchi quelques instans, lança-t-il

courageusement, et à haute voix, un nouveau
prix : mille francs.

Le commissaire-priseur tressauta sur son fau-
teuil de cuir. Quel était donc ce mystère? Crochard avait renoncé, pour la première fois de sa
vie, à son grattement de nez.

— Mille francs ! cria le garçon de salle.

Pigoreau fit la grimace. Il pensait que la tran-
sition de deux cent cinquante à mille francs était
trop brusque pour que don Géronias ne s'aperçût
pas qu'il avait des relations avec Crochard.

— Il y a donc des billets de banque dans ces
toiles-là? dit tout haut un marchand goguenard.

Sans s'inquiéter de cette plaisanterie, qui ob-
tint les honneurs du rire, Crochard lança une
autre enchère non moins significative que la précédente.

— Deux mille francs ! dit-il.

Don Géronias attendait avec impatience la fin
des enchères.

— Je n'en donnerais pas cinq sous, disait-on

dans la salle. Ou bien : — Crochard est fou. — Comment fera-t-il pour payer ?

— Il n'a pas chez lui pour sept mille francs de curiosités. — C'est drôle, un homme qui n'achète jamais de tableaux.

D'autres étudiaient la figure de Pigoreau, regardé comme l'oracle de l'hôtel des ventes, et se disaient : — Il y a du louche là-dessous. Père Pigoreau n'a pas l'air content.

— Trois mille francs, s'écria Crochard, pâle et le front mouillé, prouvant qu'il était en proie à un combat intérieur.

— Il n'y a pas erreur, M. Crochard? se crut obligé de dire le commissaire-priseur.

— Non, non, trois mille francs !

— Ah ! le pauvre homme, dit un voisin ; c'est trois mille liards qu'il devait dire.

Crochard avait entendu, et, par bravade, il reprit :

— Cinq mille francs !

Mais on devinait que cette lutte l'avait fatigué

autant que les regards curieux de la foule. Sa voix était haletante, et il était près de s'évanouir.

— Louis! dit le commissaire-priseur, un verre d'eau à M. Crochard.

Après quoi la vente continua, Pigoreau ne sachant comment allait se terminer cette affaire. Don Géronias murmurait entre ses dents des paroles espagnoles.

— Personne ne met au-dessus de cinq mille francs? demanda le commissaire-priseur.

A cet appel, toutes les têtes se tournèrent vers Crochard, qui était affaissé sur lui-même.

— Une fois, deux fois, personne ne dit mot?

— Messieurs, une collection de tableaux espagnols, *cin-que-mille francs*, dit le garçon en appuyant sur le chiffre.

— Cinq mille francs, une fois, deux fois, trois fois, personne n'en veut plus? cria le commissaire-priseur.

Il se fit un long silence par la salle.

— Adjugé à M. Crochard!

Et le marteau retentit sur la table. Le garçon poussait déjà les toiles vers l'acquéreur qui étendait sa main en avant, lorsque le commissaire-priseur se leva avec solennité et dit :

Vous savez, Monsieur Crochard, que la vente est au comptant ?

— Voilà la somme, s'écria Pigoreau en ouvrant son portefeuille.

— Qu'on me passe mes tableaux, dit don Géronias avec impétuosité.

— M⁰ Gallet, dit Crochard au commissaire-priseur, faites mettre les toiles de côté, je vais chez moi chercher la somme.

— Tu as donc perdu la tête, dit Pigoreau, puisque voici l'argent en billets de banque ?

Mais Crochard avait disparu, laissant Pigoreau très-inquiet, don Géronias réclamer son tableau, et la foule murmurer et causer de ces trois acquéreurs mystérieux qui ne paraissaient pas s'entendre.

V.

FLOUERIES EN MATIÈRE DE REVIDAGE.

Rusé revint au bout de deux heures, rouge et essoufflé. Il traversa tous les groupes, alla droit au bureau du commissaire-priseur apporter 5,000 f. plus 250 fr. en raison des cinq pour cent affectés au droit de vente.

La foule, qui se moquait de lui tout à l'heure, s'inclina devant l'homme qui venait de payer cinq mille francs *au comptant*, et il put emporter ses toiles. Pigoreau et don Géronias, qui suivaient chacun de ses mouvements, l'accostèrent à la sortie de la salle de vente.

— Pourquoi, lui dit Pigoreau, n'as-tu pas pris l'argent que je t'offrais?

— Mon petit, dit Crochard, parce que j'achète pour moi.

— Je veux mon Fuenzès! s'écria don Géronias.

— Laissez-moi, dit Pigoreau, m'arranger avec lui.

Et il entraîna son confrère près de la cheminée qui donne dans le vestibule.

— Je ne te comprends pas, dit Pigoreau ; as-tu peur que je ne te donne pas les quinze du cent ?

— Mais non, dit Crochard, j'achète à mon compte, tu ne saisis donc pas ! je te laisse tout, mais je garde le Fuenzès.

— Ah ! dit Pigoreau, j'y suis... Je me suis fait *remoucher*. Combien veux-tu ?

— Dame, tu sais bien. Fais ton prix.

— Mon cher, l'Espagnol me fait cinquante pour cent de commission.

— Bien, je les accepte.

— Tu acceptes ! dit Pigoreau ; mais moi, que me restera-t-il ?

— Je n'en sais rien, mais tu sauras bien t'arranger.

— Sacristi ! dit Pigoreau, faut-il être arrivé à mon âge, être le doyen des marchands de tableaux, pour me laisser embrocher comme un dindon par toi.

— Chacun son tour, papa, dit Crochard.

— Allons, scélérat, dit Pigoreau, tiens, voilà tes cinquante pour cent.

Don Géronias, qui se tenait à l'écart, voyant à l'aspect des physionomies que l'affaire était conciliée, revint vers Pigoreau.

— Voilà le Fuenzès... et il m'en a donné du mal, le brigand de tableau.

— Ah ! s'écria l'Espagnol, dont les yeux lancèrent des flammes, enfin !

Puis il contempla la toile avec une expression étrange de bonheur.

— Venez demain de bon matin, dit-il à Pigoreau, nous réglerons.

VI.

SOIRÉE MAL EMPLOYÉE.

Le même soir à huit heures, don Géronias

était assis, écrivant à une table, dans une petite chambre d'hôtel garni. De temps en temps, il cessait d'écrire pour regarder le tableau dont il avait fini par prendre possession.

La lueur de la bougie, qui vacillait sur la toile, ajoutait encore à l'œuvre étrange du Fuenzès.

Evidemment, ce tableau représentait une Tentation, mais non pas celle à laquelle les peintres nous ont accoutumés. Saint Antoine était sur le premier plan, regardant avec effroi, sans pouvoir détourner les yeux, une ronde infernale d'hommes et de femmes qui avaient un poignard fiché dans le sein droit. — On sait que quelques peintres espagnols, n'ignorant pas sans doute l'endroit où est placé le cœur, ont représenté cependant des personnages percés au côté droit. — Quoique le sang découlât des blessures, la bande n'en tournait qu'avec plus de frénésie.

Du côté opposé à saint Antoine, des soldats avaient mis le feu à une maison qui s'écroulait,

entraînaut dans sa ruine femme, enfants, animaux, qui se tordaient dans les flammes.

Plus loin se voyait un gibet avec autant de
bras que Briarée. Chaque bras était porteur
d'une couple de pendus qui riaient chacun de la
danse des jambes de son camarade.

Dans le fond, un atelier de dissection, dont
les portes étaient ouvertes, laissait voir une épou-
vantable collection de martyrs, qui avaient laissé
leurs têtes, leurs bras, leurs jambes, leurs yeux,
leurs oreilles, leurs nez sur le champ de bataille
du christianisme.

Il avait fallu l'imagination d'un peintre espagnol
pour songer à tenter Antoine par de telles images.
Le tableau était peint avec une naïveté sèche,
propre, cruelle et sanglante qui faisait horreur.

Don Géronias regardait cette Tentation avec
des yeux égarés. Il écrivait une phrase, examinait
un groupe, reprenait la plume et laissait errer
ses regards vers le tableau. On eût dit qu'il

étudiait cette œuvre avec ténacité, pour en criti-
tiquer les moindres détails.

Enfin, quand sa lettre fut terminée, il la relut,
la plia lentement, la ferma d'un cachet noir, et
il sortit.

— Madame, dit-il à la propriétaire de l'hôtel,
voici une lettre adressée à M. Pigoreau, qui
viendra demain matin me demander. Veuillez la
lui remettre.

Puis il remonta et se dépouilla de sa redingote.
Sous son gilet était un petit crucifix d'ivoire ap-
pendu à son cou. Don Géronias le prit et se mit
à genoux. Sa prière fut longue. L'Espagnol parlait à voix basse et semblait se confesser.

Après s'être relevé, il alla droit dans un coin
chercher une corde neuve en rouleau. Il la me-
sura, la pendit à un clou suspendu assez haut
au mur.

Le tableau était toujours éclairé par les dernières lueurs de la bougie. Don Géronias se dirigea vers la table, regarda attentivement le ta-

bleau, poussa un grand soupir, le jeta par terre et le piétina de ses deux pieds.

Quand la toile fut crevée, il passa ses deux jambes dans le châssis, se dirigea non sans peine vers la corde, et se l'attacha au cou. On n'entendit qu'un faible râlement.

La bougie s'éteignit.

VII.

DÉSAPPOINTEMENT DE PIGOREAU.

— M. Pigoreau, dit Antoine, en surprenant au saut du lit le brave marchand de tableaux, vous ne savez pas la nouvelle?

— Comment veux-tu que je sache? je m'éveille.

— Crochard est mort cette nuit d'une attaque d'apoplexie.

— Hé bien, mon garçon, que veux-tu, nous sommes tous mortels. Au fond, je crois que c'est le bon Dieu qui le punit de m'avoir si indignement floué hier soir. A propos, nous allons ce

matin toucher les pistolets de ce bon monsieur
don Geronias.

Pigoreau s'habilla et partit avec Antoine. Tout
le long de la route, Pigoreau se livra à d'ai-
mables plaisanteries sur les fantaisies de l'Espagnol.

— Monsieur, lui dit-on à l'hôtel, n'est-ce pas
vous qui vous appelez M. Pigoreau?

— C'est lui-même, répondit-il facétieusement.

— Il y a une lettre pour vous... Monsieur a
défendu de laisser monter ce matin.

— Une lettre... dit Pigoreau. Voyons, Antoine,
toi qui as de bons yeux, lis-nous un peu ça.

Antoine lut

« Monsieur,

— » Quand vous ouvrirez ce papier, je n'exis-
» terai plus.. »

— Ah! s'écria Pigoreau, il est mort, don
Géronias... Vite, allez voir!...

Deux domestiques coururent à la chambre de
l'Espagnol Pigoreau les suivait de près. On

frappa et on appela don Geronias sans obtenir de
réponse.

— Enfonçons la porte, dit Antoine.

Les domestiques jetèrent sans grande peine la
porte en dedans; tous purent apercevoir le corps
du suicidé, — dont les jambes étaient éclairées
par un rayon de soleil.

Les instincts du marchand de tableaux prirent
le dessus sur Pigoreau, qui n'aperçut qu'une
chose.

— Seigneur! s'écria-t-il, il a crevé le Fuenzès!

Pendant qu'on allait chercher le commissaire
de police pour constater le suicide, Antoine et
Pigoreau descendirent dans la cour de l'hôtel
et continuèrent à lire les dernières volontés du
mourant.

— « Ne m'en voulez pas, Monsieur Pigoreau,
» de vous faire perdre quelque argent... »

— Dix mille francs! soupira le marchand de
tableaux.

— « Et remerciez le ciel de ne pas avoir acheté

» cette toile. Elle était mortelle. Tous ceux qui
» l'ont possédée entre leurs mains, seulement
» quelques instants, devaient mourir de mort
» violente. »

— C'est pourtant vrai, dit Pigoreau un peu
consolé.

— « Moi seul, je savais ce terrible secret ;
» c'est ce qui m'a obligé de quitter mon pays
» pour empêcher de nombreux malheurs. J'ai
» fait tout ce que j'ai pu pour soustraire M. Bigot
» à son malheureux sort ; mais mon acharnement
» à la possession du tableau a produit des ré-
» sultats contraires à ceux que j'espérais. Priez
» pour le pauvre encadreur, dont la mort vous
» est expliquée maintenant ; priez encore pour
» l'infortuné marchand que vous aviez pris pour
» entremetteur, et qui ne passera pas la nuit. »

— Ah ! mon Dieu, s'écria Pigoreau, c'est le
diable que cet Espagnol, un enchanteur. —
Quoi ! il a pronostiqué la mort de Crochard !

— « Vous irez trouver un prêtre espagnol et

» vous lui raconterez ma mort. Si l'église refuse
» des prières à un suicidé, mon compatriote fera
» son devoir pour donner le repos à l'âme du
» faux don Géronias qui n'est autre que le peintre
FUENZÈS. »

— J'en perdrai la tête, dit Pigoreau... Antoine,
dans ton intérêt, souviens-toi qu'il ne faut jamais
avoir chez toi un tableau espagnol. C'est tous
sorciers, ces gens-là.

24 novembre 1846

SIMPLE HISTOIRE

D'UNE MONTRE D'UN RENTIER,

D'UN LAMPISTE ET D'UNE HORLOGE.

A Monsieur Marc Fournier.

SIMPLE HISTOIRE

D'UNE MONTRE D'UN RENTIER,

D'UN LAMPISTE ET D'UNE HORLOGE.

—

Soyez certain que celui qui a dans son gousset
une montre sera tyrannisé par ce meuble, s'il n'a
pas à son service un caractère ferme ou une intelligence robuste. J'ai fréquenté dans la province un homme, le type du provincial, de
l'honnêteté, de la candeur.

La petite ville était célèbre aux alentours par

ses moulins à vent et ses églises. Les moulins à vent s'en sont allés tout d'un coup, aussi les églises. Pourtant jamais situation ne fut plus propice aux moulins. Ils étaient on ne peut mieux sur la montagne, se croisant rarement les bras, attendu que le vent par là n'est pas rare. On a cherché à me faire comprendre que l'industrie avait trouvé des *broyeurs* de blé plus alertes que les moulins à vent. Tant pis ; c'étaient des constructions bizarres qui faisaient bien dans le paysage, et qui, la nuit, semblaient un grand cyclope géant doué de quatre bras.

Toutes les villes ont la rage d'avoir des rues Vivienne, des rues de Rivoli : elles adorent être tirées au cordeau. Ce que ces opérations de voiries, ces expropriations pour cause d'*utilité publique*, ces alignements ont fait sauter de monuments, est incalculable ; mais aussi les bourgeois ont à la place des trottoirs et de grandes imbécilles de maisons, droites comme des I, et toutes en pierre de taille.

Deux églises cependant restèrent debout au milieu de cette *iconoclastie*, toutes deux avec des horloges au front. L'Hôtel-de-Ville aussi avait sa sonnerie particulière. — Pour en revenir au propriétaire de la montre, il fallait voir son inquiétude quand les trois horloges n'allaient pas à l'unisson. C'étaient des courses infinies, des questions sans nombre à chacun de ses compatriotes pour expliquer le désagrément que lui causait le peu d'accord des trois horloges. Plus tard notre original, afin d'avoir moins à souffrir, adopta la cathédrale. Il donnait l'heure à tous ses parents, ses amis, ses connaissances ; mais, ne voulant tromper personne, il avait soin d'expliquer que « c'était l'heure de la cathédrale. » Ce type si fréquent se retrouve à Paris. Les employés de l'Hôtel-de-Ville ont tous « l'heure de la ville. » Je sais un rentier de la Place-Royale, qui fréquente depuis des temps immémoriaux le Jardin-Turc, et qui n'a pas cru devoir donner de meilleures preuves de son estime à cet établissement, qu'en

tirant sa montre : « Monsieur, je vais on ne peut
mieux, j'ai l'heure du Jardin-Turc. »

Pendant quelques mois, la montre du rentier
se trouva d'un accord parfait avec la cathédrale ;
mais voici que l'horloge, de construction assez
vieille, plantée sur un clocher elevé, donc ex-
posée à tous les vents, à tous les brouillards, à
toutes les pluies, fut malade des intempéries des
saisons. La malheureuse horloge déraisonnait ;
des fois elle oubliait les *quarts*, d'autres fois les
demies. Plus souvent elle sonnait des douze heures
quand il n'en fallait qu'une. On comprend le violent désespoir qui s'empara de l'homme à la
montre. Il avait fait un choix sur l'horloge la plus
sûre, la plus accréditée dans le pays, et l'horloge
adultère lui *faisait des traits.* Le provincial cou-
rut chez le lampiste de la petite ville. Vous me
direz : Qu'est-ce qu'un lampiste peut avoir à
faire là-dedans ? Ceci n'est pas du badinage ;
croyez-en ce que vous voudrez : ce lampiste était
chargé de régler l'horloge de la cathédrale ; toutes

les quinzaines, il lui fallait grimper les trois cent
soixante-quinze marches du clocher pour aller remonter la machine, la nettoyer, la *graisser.* —
On sent ici le besoin du lampiste, et on comprend
sa nomination. — Rien qu'en voyant entrer son
compatriote à la mine blême, à la marche indé-
cise et flottante, le lampiste devina qu'il s'agis-
sait de l'horloge de la cathédrale. — Je n'y peux
rien, dit-il en répondant à la demande muette
de l'homme désole, c'est une machine capricieuse
comme tout. — Le provincial poussa un soupir,
et d'un geste muet, d'un geste comme n'en trou-
vera jamais Mlle Rachel, il plia son coude en
deux, la seconde partie de l'avant-bras fit un
nouvel angle, les doigts de la main droite eux-
mêmes se courbèrent, — en tout quatre angles,
— et de cette manœuvre geométrique il résulta
que la main droite fouilla dans le gousset du gilet.
Une montre en sortit.

Elle était sans aiguilles ! !!

Trouvez-moi dans les romans anciens ou modeines une douleui plus éloquente, plus sentie, plus profonde que celle-là ! Le lampiste avait l'âme sensible; d'un esprit peu cultivé d'ailleurs, il ne s'inquiétait ni de M. Châteaubriand, ni de la Pologne, ni de la réforme électorale, ni de l'Irlande affamée. Non, il lisait tout bonnement le journal de son chef-lieu, et toute son attention se portait vers le cours des graines oléagineuses, dont voici le tableau exact :

Huiles. — Graines oléagineuses.

COURS DE LILLE. — 5 mars

	GRAINES.		HUILES.		TOURTEAUX	
Colza i ouv...	20 00	27 00	80 00	00 00	15 50	16 50
Œillette.	24 50	26 00	85 00	00 00	14 25	15 25
Lii ..	20 00	25 00	82 25	82 00	18 00	20 00
Cameline	20 00	24 00	77 00	00 00	15 50	16 00
Chanvre......	00 00	00 00	00 00	00 00	14 00	15 25

Huile bon goût sur march 00 00   00 00
 Id. d'Œillette bo goût...... 00 00   00 00
 Id. froissage soutirée.. ...... 00 00   00 00
 Id. épuice pour quinquits . 86 00   00 00
  Id   pour éverberes . 00 00   00 00
Suif fondu du pays .   110 à 000

PARIS, 5 mars — Huile colza disponible, fr. 88 00 ; courant du mois, 00 00 ; 4 derniers mois, 88 58 a 89 25 ; 4 premiers, 00 00 à 00 00.

Mais cet esprit vierge comprit le trouble du

possesseur de la montre. Car lui aussi était affligé des écarts et de la mauvaise conduite de l'horloge. Il ne répondit pas un mot, ce qui prouve combien il partageait la douleur de l'autre, et il eut raison. Je saurais très-mauvais gré à l'ami qui viendrait m'apprendre que....... est morte, et qui tenterait de me consoler par un flux de paroles. Qu'il se taise, qu'il pleure avec moi, ou qu'il me laisse un peu me cogner la tête contre le plafond.

Le lampiste quitta son tablier huileux de serge verte, que le cuivre avait rendu noir par son contact, endossa son habit noir, entendez-vous? son habit noir, l'habit des cérémonies douloureuses, l'habit des joies, l'habit des noces et des festins, l'habit des dimanches pour tout dire, et il passa son bras dans celui du bourgeois. Et tous deux, sans dire un seul mot, sans saluer personne, tant était poignant leur chagrin, montèrent ensemble les trois cent soixante-quinze marches de la cathédrale. Le voilà donc en face de son amie, le provincial attriste Ses yeux se raniment, ils s'ouvrent aussi grands que la nature l'a permis; il regarde longuement et fixement l'horloge. La folle était impassible; seulement, son gros tic-tac, — qui est le pouls de ces machines — battait d'une façon un peu fiévreuse. Les roues tournaient avec une activité fébrile : tout cela chantait, dansait, craquait; mais le lampiste :— Ah! Monsieur! je me trompais, ce n'est pas un caprice, elle est malade, elle a la tête un peu détraquée.

Les provinciaux ont très-peur des fous; notre rentier recula de trois pas, d'autant plus que ce tapage, auquel il n'était pas habitué, lui semblait un fâcheux augure. Il n'avait jamais vu ni ouï de machines à vapeur. — Faudra l'envoyer à Paris, dit le lampiste; je ne suis pas assez habile pour essayer de la guérir. — Mais le voyage? — Oh! nous la coucherons avec soin dans un bon lit de foin, avec des planches tout autour. — Et qu'est-ce que je deviendrai, moi, pendant son absence?

Le lampiste n'osa proposer au bourgeois une
nouvelle liaison avec d'autres horloges; c'étaient
de jeunes pimpernelles, à la mode nouvelle, qui
étaient coquettes et chantaient les heures d'une
voix trop claire. Celle de la cathédrale, au contraire, était une personne grave, d'un âge mûr,
et qui avait vu tant d'événements, de révolutions,
de changements de maires, d'adjoints, de sous-
préfets, qu'elle avait acquis cette expérience si
douce dans le commerce de l'amitié.

. . . .
. . . .

L'horloge partit pour Paris; et avec elle le
sommeil de l'honnête bourgeois.

Un matin qu'il était occupé à regarder mélan-
coliquement sa montre sans aiguilles, le lampiste
entra. Il avait remis son habit noir, mais non
plus en synonyme de crêpe et de pleureuse;
d'ailleurs, les ris et les jeux (pardon pour ce mot
de nos pères!) se peignaient sur sa physionomie.
Le bourgeois tressauta, et avec un hoquet causé

par la joie : « Elle est revenue! » s'écria-t-il.
Et, sans attendre la réponse, il sauta au cou du
brave lampiste. — Le lampiste m'a même dit
plus tard qu'il sentit deux grosses larmes, de ces
bonnes franches larmes qu'on rencontre si rarement, lui couler sur les deux joues, et se dérober
dans les profondeurs de son vaste faux col. —
Oui, elle est revenue, et en bonne santé, répliqua le lampiste tout ému. — Vous viendrez manger la soupe avec nous?

Pour le coup, ce fut au lampiste d'essuyer ses
yeux. Rien de plus aristocratique que la bourgeoisie de province. Là vous verrez rarement,
même ceux qui ont beaucoup voyagé, des lam-
pistes partager la *soupe* du rentier. Notre lampiste
comprenait d'autant mieux cet insigne honneur,
qu'il était honnête homme, petit commerçant,
pas envieux, ne briguant pas les honneurs: au
fond, un de ces braves gens dont le coutelier
Diderot, de Langres, a laissé un si beau type.
Il me serait facile ici de placer quelques phrases

sur le fils du coutelier, sur Diderot fils, non pas l'encyclopédiste, mais l'auteur du *Neveu de Rameau*, non pas l'adorateur de Voltaire, mais l'auteur des *Entretiens d'un père de famille*. Eh bien! je m'en dispense, laissant ces charmantes digressions à Sterne; et j'en reviens à l'histoire de l'horloge.

Le rentier avait dit : « Nous mangerons la soupe ensemble; » mais c'est une façon de parler proverbiale. Le lampiste, quand il eut déployé sa serviette damassée, trouva dessous une paire de boucles d'oreilles en or qui lui firent un grand plaisir; car il n'avait jamais eu le moyen d'en porter qu'en argent. Après le bouilli, apparut sur la table un cochon de lait qui voudrait pour être décrit le pinceau d'un coloriste. Le petit cochon était de ce blond presque roux si cher à Rubens. Que de soins et de veilles n'avait-il pas fallu près de la broche pour arriver à ce ton presque impossible aux cuisiniers parisiens. Ceux-là, les sans soins, auraient stygmatisé le corps du petit co-

chon de lait d'une tâche noire. Oui , ils l'auraient
laisse brûler, au moins par un côté. Et la meilleure preuve que toutes ces opérations culinaires
et gastronomiques avaient été préparées avec un
soin de Gérard Dow, la tête du petit cochon de
lait était calme et tranquille , plutôt mélancolique
que souffrante. Ses yeux étaient fermés doucement et sans effort. Cela va paraître peut-être
invraisemblable (j'en appelle aux admirateurs de
Brillat-Savarin), le petit cochon de lait semblait
être heureux d'avoir été aussi bien cuit!

Le rentier plongea dans les flancs du joli animal un couteau prudent, et l'enveloppe dorée,
cette croûte d'une confection si difficile , se dé-
tacha tout simplement du corps blanc et vierge
du petit cochon. — Votre assiette, mon ami,
dit le bourgeois au lampiste, que je vous donne
du d'or. — Je me suis souvent acharné après les
provinciaux à cause de leurs mœurs rapetissées ;
eh bien ! dans ce moment, je bénis le ciel d'avoir
vécu vingt ans dans une petite ville. Les jolis

mots qu'on y apprend! le charmant argot qu'ont
ces braves provinciaux! Cherchez dans toutes les
langues, les mortes et les vivantes, celles de
l'orient et de l'occident, du nord et du midi,
vous n'y trouverez jamais un mot aussi ingé-
nieux, aussi naïf et aussi coloré que celui-là :
Du d'or! pour exprimer la croûte rôtie et lui-
sante d'un petit cochon de lait mis à la broche.

Le diner se passa dans des élans de gaîté; pour
couronner le festin, il fut question d'un verre de
ratafia, qui mit les esprits en plus belle humeur
sans attaquer la tête. Après le ratafia vint le café,
servi dans de jolies tasses sur lesquelles étaient
peintes des lyres dorées qui contenaient la *torré-
faction de moka*, suivant l'idiome du bourgeois.
Cette nuit-là il dormit comme il n'avait jamais
dormi de sa vie. Il rêva les rêves les plus roses
et les plus folâtres. A huit heures du matin, notre
rentier se leva frais, reposé, la tête légère; il
oublia de se vêtir de son caleçon. Jamais, depuis
quarante ans, il ne s'en était séparé. Quel éve-

nement avait donc pu jeter un tel desordre dans
ses idees? C'est qu'il devait assister, en compagnie
de son ami le lampiste, à la pose de l'horloge. —
Dans ma jeunesse, mon père étant secrétaire des
affaires de la mairie de L... et par conséquent à la
tête de la municipalité, — car il n'y avait jamais
de maire, — une députation de paveurs vint un
jour me chercher, le bouquet à la main, pour poser la première pierre d'une place. On pense quelle
joie me procura cet honneur, malgré le mal que
me donna la *demoiselle* quand il s'agit de la sou-
lever. Les naives bouffées d'amour-propre qui
s'emparèrent de ma petite personne, âgée de
dix ans, ne furent rien, si j'en crois le lampiste,
auprès des accès du rentier en allant à la cathédrale. Il enjambait trois marches à la fois; il
souriait, se disait de petits mots sans suite à lui
tout seul. Bref, il arriva en cinq minutes au
clocher.

Par le même geste que j'ai déjà décrit, — les
ongles, il tira sa montre du gousset

du gilet. Les aiguilles avaient repris leur place!!!
Le lampiste décrocha d'un clou une clef, une
énorme clef aussi grosse que celles de saint Pierre,
et se mit en devoir de remonter la machine. —
Cric, crac, cric, crac, cric, crac. — Les roues
commencèrent à sortir de leur torpeur et reprirent
leur ancienne partie de concert. Le lampiste fit
d'abord sonner une heure, et, à cette voix si
connue, le bourgeois se trouva presque mal de
bonheur ; il y avait si longtemps qu'il n'avait entendu le timbre chéri de son amie ! En même
temps, après avoir introduit sa clef dans la virole
de la montre, il la mettait à une heure. L'horloge, sous la conduite du lampiste, sonna doci-
lement deux, trois, quatre, cinq. six, enfin,
jusqu'à onze heures. Et les aiguilles de la montre
obéissaient à tous ces appels. — Il est midi trois
minutes, dit le lampiste en tirant une vénérable
montre de famille, dont la cuvette d'argent,
solide comme un cheval, avait dû résister à l'attaque des années. C'était un de ces meubles dits

bassinoues en langage familier. Le brave lampiste allait donc mettre à l'heure l'horloge restaurée, lorsque le timide bourgeois, craignant une rechute, l'arrêta par le bras. — Croyez-vous qu'elle ira? — Elle ira *comme un charme* maintenant. — Ah! tant mieux, s'ecria le rentier en soupirant.

Quand elle fut arrivée au chiffre **XII**, à cette heure douzième qui s'étalait sur la façade de l'église en larges chiffres romains, l'horloge sembla prise d'une folie furieuse. — Avez-vous été réveillé en sursaut par un réveille-matin? Mettez-en une douzaine ensemble qui carillonneront sans relâche, et vous n'aurez encore qu'une faible idée de l'égarement de l'horloge. Le grand ressort tournoyait convulsivement sur lui-même et faisait tous ses efforts pour s'échapper du *barillet*; les *pivots* et les *goupilles* sortaient de leurs gonds et montraient leurs grosses têtes de fer. Le *cliquet*, qui doit engrener dans la *roue à rocher*, s'était séparé violemment de sa compagne; la *fusée*, qui correspond au *cliquet*, sifflait solitaire ; la *roue de champ* avait engagé un duel terrible avec la *roue de rencontre* ; la *roue de minuterie* avait perdu connaissance ; seule, la *roue de chaussée*, peu revolutionnaire, semblait effrayée du vacarme que faisait la *roue de canon* ; les *palettes* cliquetaient ; le *balancier* semblait un diable dans un bénitier.

A cette révolution inattendue, le bourgeois fut terrifié ; ses yeux et sa bouche étaient grands ouverts. Il n'avait pas plus de salive qu'un condamné à mort qui marche au supplice. Ses doigts s'étaient crispés d'épouvante, et de fauves lueurs passaient par instant dans ses yeux. — Seigneur, s'écria le lampiste hors de lui. — Cette exclamation n'arrêta nullement les écarts de l'horloge ; mais le rentier, ramené un moment vers les choses humaines par cette parole, regarda une dernière fois sa montre et la lança dans l'espace.

. . . .

. . . .

Il n'a jamais dit un mot depuis ce fatal évè-
nement ; le malheureux a la tête perdue. On ne
lui parle pas, car alors il répond par des ono-
matopées intraduisibles qui imitent le tapage
d'une pendule détraquée. Les galopins de la
ville, cruels comme tous les enfants, ne man-
quent jamais de lui demander l'heure.

28 février 1847.

VAN SCHAENDEL

PÈRE ET FILS.

A Monsieur Jules de la Madelène

VAN SCHAENDEL

PÈRE ET FILS [1]

Quelques uns ont remarqué, aux salons de
1840 à 1847, les peintures du Belge Van Schaendel,
d'autant plus singulières que ce Van Schaendel
ne peint que des effets de lumière. Un vaudevil-
liste n'eût pas mieux choisi le nom à mettre en
regard du genre. Les artistes belges ont importé

[1] Il est traité plus spécialeme it du père

6

en France le septieme fléau de la peinture : inutile de detailler les six autres, qui sont indigènes. Tous les marchands de vieux tableaux ont à leur étal des Van Schaendel ou des imitations dudit maître. Les amateurs adorent ces sortes d'ouvrages qui n'ont pour tout mérite que le côté niais des petits Flamands ; car il y a Flamands et Flamands. D'aucuns, et c'est le plus grand nombre dans les acheteurs de tableaux, paieront cinquante mille francs un Gérard Dow, qui ne donneront pas cinq mille francs d'un Ostade. Combien j'en ai vu qui se laissent prendre à la *patience* dans les œuvres d'art! Pourtant cette patience range Gérard Dow dans la bande des professeurs de calligraphie.

Quand les Belges de 1840 ne peignent pas d'effets de lumière, ils se rabattent sur les bêtes et se font peintres d'animaux : ne serait-il pas mieux de les définir animaux de peintres! Mais, au lieu de m'appesantir sur ces infirmités qui sont une espèce de lèpre artistique, je préfère

raconter la vie du peintre Van Schaendel. Il eut
un père ! — et c'est de son père que vient la
moralité de cette histoire.

Van Schaendel de Malines était un brave peintre
de nature morte ; on va voir quel singulier *cri-
terium* le Malinois avait adopté en matières pic-
turales. S'il avait à rendre un lièvre, il fallait
que la veille la digne Mme Van Schaendel lui fît
manger du lièvre ; le peintre était malheureux au
possible quand un bourgeois de la ville lui com-
mandait un tableau de salle à manger en lui
donnant la carte de ce qui devait y figurer. Ainsi
des choux frisés sur le premier plan, avec une
botte de carottes pointues et rougissant comme
si elles avaient commis un crime ; dans un coin
des oignons. Même sans les éplucher, Van Schaendel en pleurait, car il ne les aimait pas.

Aussi brossait-il ses tableaux de légumes avec
une prestesse incroyable provoquée par sa colère
intérieure. Dès le matin, sitôt le petit jour, il
sautait de son lit, faisait sa palette avec rage et

saisissait ses pinceaux avec des mouvements fé-
briles. Alors il donnait sur sa toile des coups de
blaireau comme s'il eût donné de grands coups
de sabre ; le travail n'allait pas assez vite. Van
Schaendel , avec son couteau mince , ce couteau
innocent , aussi innocent qu'un couteau de bois
d'hommes de lettres, ouvrait le ventre de ses
vessies et les jetait sur sa toile. Dans ces moments
il ressemblait à David lançant sa fronde contre
Goliath. Il ne faut pas avoir grande connaissance
des procédés de peinture pour s'imaginer quels
résultats le Malinois obtenait par ses furies. Ses
tableaux de légumes semblaient avoir été peints
par Théotocopouli dans les derniers moments de
son existence si folle. Je l'ai assez regardée , au
Musée espagnol, la fameuse *Adoration des bergers*
de l'halluciné élève du Titien , cette peinture qui
a le délire , qui semble avoir le mors aux dents,
cette peinture *rageuse* et impossible , qu'on jurerait une fresque de Bicêtre. Eh bien ! les légumes de Van Schaendel étaient aussi fiévreux,

aussi convulsionnes; les choux jouaient la cata-
lepsie, les carottes avaient des attaques nerveuses,
les oignons surtout dansaient la danse de Saint-
Guy. Cela est facile à expliquer; pendant toute la
durée du tableau, le Malinois, fidèle à son système, ne se nourrissait que de légumes, les
mêmes qu'il peignait. Il appelait cela « se nourrir
de son modèle; » et il exécrait les légumes !

Les bourgeois flamands ouvraient de grands
yeux quand ils recevaient ces aberrations de
pinceau; mais tableau commandé, tableau payé;
d'ailleurs, Van Schaendel, ce peintre si singulier,
avait la manie plus réelle de se faire payer d'a-
vance. Van Schaendel fils, qui se croit un Schalken
parce qu'il ne peint que des effets de lumière,
ne parle qu'avec terreur des tableaux-légumes
de son père. Une pareille terreur se comprend :
le père et le fils sont le feu et l'eau. Où le père
tripotait ses vessies avec des ba ais, des torchons,
ses dix doigts, le fils entre à pas comptés
dans l'atelier, ouvre sa boîte avec précaution,

dresse une petite palette toute proprette, monte sur son tabouret avec mille simagrées, reste une heure avant d'oser tirer le rideau de serge qui protège sa toile commencée. On l'a vu ne pas travailler d'un jour par la raison qu'une grosse mouche était dans l'atelier. « Ses ailes, disait-il, émeutent la poussière du plafond. Je pourrais chasser la mouche; mais il faudrait ouvrir la porte de l'atelier. Si j'ouvre la porte, la poussière entre; il faudra donner de l'air. Pour donner de l'air, je suis forcé d'ouvrir ma fenêtre à deux battants; c'est impossible; il y a dans l'air des quantités *d'immondices* qui s'abattront sur mes couleurs fraîches. Mon tableau, chargé de ces immondices, sera odieux à la vue. J'aime mieux mettre la toile pendant deux jours à l'abri de *tout*, ouvrir ma fenêtre afin que cette mouche importune aille porter le trouble ail'eurs; la mouche partie, j'attendrai le calme des atomes poussié-reux, et quand je me serai promené deux jours, je rentrerai dans mon atelier avec précaution. »

Ces discours de Van Schaendel fils dénote assez quelle conscience il apporte dans ses travaux. Dans un autre ordre d'idées, le père avait la même conscience. Ainsi un bourgeois de Malines vint un jour lui commander le portrait de son grand-père, le bourgmestre Pract : — Je désirerais, dit-il, la plus grande exactitude. — Monsieur Pract, vous savez que je suis l'exactitude même. — J'ai chez moi, dit le bourgeois, une crayonnade d'après le bourgmestre; malheureusement ce n'est qu'un buste ; je voudrais que mon grand-père fût peint en chasseur ; il aimait la chasse passionnément. — Bon ! dit Van Schaendel, nous lui ferons tenir un fusil, j'ai un fusil du temps. — Je me suis adressé à vous, dit l'homme au portrait, parce que je tiens singulièrement à mettre de la nature morte, par exemple, des animaux dans un carnier, une grosse chasse. — Je vois tout cela d'ici ; nous ferons une carnassière rebondie, j'ai aussi une carnassière de cette époque ; qu'est-ce que nous mettrons dans la carnassière ? — Un lièvre,

des perdreaux, ce que vous jugerez convenable.
— Vous pouvez compter sur moi, dit Van Schaendel, je me procurerai ces animaux, et je vous
promets une chasse abondante. — Eh bien !
monsieur, je vous enverrai ce soir le dessin de
mon grand-père, afin que vous fassiez d'abord
une petite esquisse. Quand l'esquisse sera terminée, nous nous entendrons sur le prix ; vous
demanderez ce qu'il vous plaira. On ne doit pas
marchander avec un homme de votre talent.

Le lendemain, Van Schaendel père, devant
son chevalet, était habillé de la façon la plus
bizarre, tenant de la main droite un pinceau,
de la gauche un fusil de chasse, autour du corps
une carnassière en bandoulière avec d'innocents
animaux, achetés au marché, qui passaient leur
tête endormie pour toujours hors du carnier.
Une glace était accrochée à l'un des portants du
chevalet, le croquis du bourgmestre à l'autre
portant. De temps à autre le peintre consultait
le croquis, puis se campait fièrement avec son

fusil devant la glace et revenait traduire de son pinceau ces diverses impressions. Il fronçait aussi le sourcil, comme une personne qui n'est pas contente, à laquelle il manque une chose indispensable; et il se touchait les jambes de ses deux mains sur les coutures et marmottait des *ah!* de dépit.

Cependant au bout de deux journées d'un travail constant, l'esquisse se trouva terminée. Van Schaendel partit assez soucieux pour la demeure de Praët, qui admira sans réserve la ressemblance, surtout les produits de la chasse. — C'est très-bien, dit-il, il ne s'agit plus que de peindre mon grand-père sur une toile de vaste dimension. Cinq mille francs vous paraissent-ils convenables, maître Schaendel? — Oh! certainement, dit le peintre, dont la figure ne se déridait pas. — Mais vous avez la mine triste; est-ce que la somme ne vous paraît pas suffisante? — Pardonnez-moi; je suis un peu tracassé par cet habit dans l'ancien croquis. — Que vous importe cet habit? — Je n'en trouverai plus maintenant de cette coupe et de cette étoffe. — Eh bien ! vous en peindrez un de fantaisie. — Oh ! dit Van Schaendel, qui cria cette exclamation comme s'il eût entendu un ange blasphémer, jamais, jamais... la fantaisie, impossible ; je n'ai jamais rien fait de *pratique* (mot du XVIII° siècle équivalent à *chic*), il me faut un habit absolument semblable à celui-ci. — Si cela vous inquiète le moins du monde, je crois qu'il y a là-haut, dans le grenier, un vieil habit qui me semble bien avoir posé pour ce portrait. — Vite, dit le peintre, dont la figure rayonna de bonheur, envoyez-le-moi quérir !

Un domestique apporta, sur ce désir, un habit fort respectable, qui avait tous les signes de vétusté. D'un coup d'œil le peintre s'écria : « Je le reconnais, c'est l'habit de l'ancien croquis. » Et sans s'inquiéter des convenances, il mit sa veste bas et endossa l'habit du défunt. Ainsi vêtu, il se promenait d'une façon triomphante par la salle

et se mirait dans la glace. Jamais on ne vit autant
de poussière et de toiles d'araignée acharnées
après un vêtement. Van Schaendel ne s'occupait
guère de ces détails. Il prit son esquisse peinte,
sembla se mirer dedans et s'écria : « Ah ! si
j'avais eu l'habit, l'esquisse serait bien mieux
réussie ! » Et les culottes, demanda-t-il, ces belles
culottes jaunes d'Utrecht à fleurs gaufrées ? — Je
n'ai jamais eu vent des culottes, dit Praet. —
Diable ! s'écria le peintre, je vois dans le dessin
un commencement de culottes qui me font bien
envie ; il les faut cependant. — Je voudrais pouvoir les ressusciter, maître Schaendel ; au fait, je
crois qu'il y a encore là haut quelques vieilles défroques. Si vous me parliez des vêtements de mon
père, rien de plus simple ; je les ai conservés reli-
gieusement dans une armoire ; mais ceux de mon
grand-père ont disparu, à l'exception de cet habit et de quelques mauvaises loques que je vais
voir moi-même à vous procurer.

Pendant que Van Schaendel se carrait dans

l'habit du defunt, le magistrat revenait, appor-
ant un petit paquet d'une forme et d'une cou-
eur indescriptibles. — « Je n'ai trouvé que cela, »
lit-il. Le peintre se précipita sur ces débris de
dentelles ; était-ce jabot, étaient-ce manchettes ?
La constatation semblait impossible, car le temps
avait ajouté de nouveaux dessins aux anciens
dessins de ces loques. Les unes étaient rousses
comme la queue du diable, les autres noires
comme bourdons. Le peintre les tournait et retournait, et son œil connaisseur plongeait dans
ces broderies, aussi énigmatiques que des hiéro-
glyphes, pour en retrouver le sens. Il sépara,
après examen, les malines noires des rousses et
dit en homme convaincu : « Voilà le jabot, voilà
les manchettes. » Vous êtes un fin connaisseur,
dit l'homme au portrait ; mais j'ai encore retrouvé
quelque chose, un bas, à ce que je crois ; il n'y
en a qu'un malheureusement. — Ah ! il est su-
perbe à peindre, dit Van Schaendel.

Effectivement, ce bas dépareillé était d'un tra-

vail *paramue*, comme disait le grand Paracelse.
Ce bas brodé à jour était aussi ouvrage que les
fameuses chaires de bois si communes en Belgique. Une cathédrale gothique s'étalait sur le
devant de la jambe, avec toutes ses richesses
d'architecture et son *fouillis* de sculpture. La
ménagère flamande, assez audacieuse pour cons-
truire à l'aiguille ce monument égal en beauté
aux plus minutieux travaux des moines du moyen-
âge, s'était trompée en offrant cette paire de bas
à un simple bourgmestre. Jamais prince n'eut les
jambes aussi richement habillées, et le pape seul
eût dû chausser cette chose sublime que dix ans
de travail assidu avaient pu mener à bonne fin.

Malheureusement le temps, ce grand insulteur
des œuvres d'art, avait promené sa faux sur la
cathédrale; il était parti emportant, en guise de
trophée, au bout de son instrument pointu, toute
la rosace du portail, ainsi que les deux combes
du fronton ogival. Van Schaendel poussa un gros
soupir à la vue de ces altérations et de ces van-

dalismes. — C'est bien tout? dit il au magistrat.
— Oui, maître Schaendel. — Eh bien! veuillez,
je vous prie, me faire compter la somme que
vous m'avez offerte; dans six mois, vous aurez
un beau portrait.

Tout étant conclu, le peintre mit ordre à ses
affaires, dit adieu à son énorme moitié et partit
avec une petite malle soigneusement fermée, laquelle renfermait la défroque du bourgmestre et
la clé de l'atelier. Il voyagea d'abord par la Belgique; je devrais peut-être dire que Van Schaendel voyagea chez les fripiers, les brocanteurs, les
marchands de curiosités. Chaque visite se passait
ainsi : le peintre ne quittait pas d'un clin d'œil
sa petite malle; il la portait sous son bras gauche,
montrait l'ancien dessin d'après son modèle aux
brocanteurs et demandait qu'on lui étalât toutes
les culottes emmagasinées. Après les culottes,
venait l'examen des dentelles suivi de l'apparition
du fameux bas. Les culottes et les dentelles ne
surprenaient guère les marchands qui ont souvent

l'occasion de semblables défroques; mais en voyant
le bas, ils tombaient d'émerveillement, hochaient
la tête et déclaraient ce bas *unique* au monde.

La Belgique mangea deux mois de temps au
peintre, qui ne fut pas sensiblement rebuffé de
ses recherches malheureuses, puisqu'il prit le
chemin de la Hollande. Dans le pays de l'Escaut,
ce fut la même histoire. Van Schaendel ne passa
pas devant la plus petite boutique sans y entrer;
il mettait à sa besogne un acharnement sans pa-
reil et ne se déroutait pas de la mauvaise figure
des marchands qui voyaient leurs boutiques mises
comme au pillage par cet infatigable chercheur;
car le peintre, malgré les réponses négatives des
brocanteurs, à l'aspect du bas mirifique et solitaire,
avait la rage d'ouvrir lui-même tous les paquets
de hardes, de fouiller dans tous les morceaux
d'étoffes ou de morceaux destinés à se transfor-
mer en papiers.

La digne Mme Van Schaendel ne revit son mari
qu'après quatre mois d'absence. Il était changé

par la fatigue et avait la figure inquiète. Il ne ra-
conta pas ses voyages, ses tourments à la Mali-
noise; il avait pour bonne opinion que les femmes
sont incapables de raisonnement pour tout ce qui
regarde le métier de peintre. Il ouvrit les portes
de son atelier fermées depuis cent vingt jours, et
n'en bougea d'un mois, y faisant venir son manger et toutes choses d'utilité hygiénique. Quoiqu'il travaillât constamment, Van Schaendel prenait de nouvelles teintes d'ennui. Le portrait de
grandeur naturelle était aussi avancé que possible, et le bourgmestre de Malines semblait vou-
loir revivre pour longtemps, lorsqu'un matin le
peintre se leva la figure terreuse, les yeux rougis
comme quelqu'un qui a passé une mauvaise nuit.
Il s'assit sur son haut tabouret en face du portrait, et le contempla longuement.

Praët était vivant et d'une toilette splendide,
trop splendide même pour un chasseur. Passe
encore l'habit, aussi les culottes jaunes d'Utrecht
gaufrées, — le seul objet que le peintre eût re-

trouvé dans ses pérégrinations. On comprend
même le jabot fin et blanc, ainsi que les manchettes brodées. Van der Meulen, dans ses tableaux *guerriers*, où le combat semble se livrer
dans l'œil-de-bœuf, nous a habitués à bien d'autres anachronismes de fanfreluches. Mais il était
impossible de justifier les bas-cathédrales; jamais
on n'a vu de chasseurs avec des bas-cathédrales,
surtout celui-là, dont le carnier promettait de
l'occupation aux broches, aux rôtissoires, et qui
avait dû courir par monts et par vaux pour arriver
à un résultat aussi plantureux. La chasse avait
nécessairement détérioré ces bas si magnifique-
ment ouvragés, et personne ne compromettrait,
au prix d'une chasse de Nemrod, des objets d'art
d'une valeur incalculable. Tout le monde, —
même les plus bornés connaisseurs, — aurait eu
à la bouche ces réflexions; mais la peur d'ana-
chronisme n'était pas ce qui tourmentait Van
Schaendel. Son inquiétude venait de ce qu'il avait
eu la témérité de peindre un jabot et des man-

chettes *neuves*, d'après ces sortes d'épluchures de fil rouges et noires, égratignées plutôt que brodées, qui furent retrouvées dans le grenier. Le peintre était au désespoir d'avoir rajeuni le vieil habit si poussiéreux dont les brosses les plus acharnées et les plus aiguës n'avaient pu faire déloger les ordures déposées par soixante-dix années. Pour la culotte de velours, Van Schaendel lui avait donné des couleurs de jeunesse qui juraient avec les tons calmes et *rassis* de l'antique *marronnière* (suivant l'appellation usitée dans le Dijonnais). Le plus cuisant en ce portrait venait des bas-cathédrales. N'en avoir qu'un et en peindre deux paraissait au peintre consciencieux un cas pire que meurtre. Et il n'avait pas assez d'indignation contre sa main droite, la main au pinceau, la main téméraire qui avait eu l'audace de raccommoder le fronton et de rebâtir en entier la rosace, fragments perdus dans le bas unique qui servait de modèle.

Ayant longuement considéré sa toile encore

fraîche, Van Schaendel prit le plus gros de ses
pinceaux et le promena avec un acharnement et
une furie sans pareils sur le portrait. Jamais les
corneilles, si connues pour leur ardeur à abattre
des noix, ne dépensèrent telle énergie. Aussi
prompts que l'éclair, disparurent la figure du
bourgmestre, son fusil, son carnier, son jabot,
ses dentelles, ses culottes jaunes et ses bas-
cathédrales. Le chasseur fut converti en un chaos
de couleurs du plus sale aspect. Quand le portrait
fut amené à terminaison si malheureuse, Van
Schaendel prit son chapeau, sa canne, et sortit.

Au fait, il avait besoin de respirer un peu
d'air pur; on imagine facilement qu'un tel homi-
cide pictural ne se fait pas à tête froide et l'esprit
calme. Le peintre avait la fièvre et tout son sang
s'était porté à sa figure; quelques Malinois re-
gardèrent avec surprise, du dedans de leur boutique, leur compatriote qui volait plutôt qu'il ne
marchait à travers les rues de la ville. Hors de la
ville, Van Schaendel, qui ne voyait pas clair, se

heurta contre un grand corps dur qui fit entendre ces paroles : « Ah! le maladroit!... Eh! mais c'est maître Van Schaendel.... Vous sortez donc de dessous terre? » Le peintre fixa de ses yeux hagards le corps heurté et lui cria en continuant sa course : « Votre portrait avance. »

Cette affirmation montre assez à quel degré était arrivé le dérangement de l'esprit du pauvre peintre, qui, rencontrant le petit-fils du bourg-mestre, lui disait : « Votre portrait avance, » après lui avoir fait subir une mutilation si complète une demi-heure auparavant.

Cependant il n'est course qui n'ait son terme ; les chevaux les plus fougueux se brisent contre un obstacle et s'arrêtent court. Van Schaendel tomba de lassitude sur le gazon. Il était tout pantelant et respirait d'une façon aussi précipitée qu'un epagneul anglais qui a suivi le lièvre pendant une heure. Bientôt revint ce calme flamand que le seul Rubens ne paraît pas avoir eu en partage. Un petit ruisseau clairet qui courait dans

un fossé sembla attirer toute l'attention de Van
Schaendel, qui resta jusqu'à la tombée du jour à
regarder les moindres petits accidents qui trou-
blent la quiétude de l'eau : une mouche noyée
qui se laisse aller à la dérive, une grenouille
curieuse qui abandonne son empire pour s'extasier
avec ses grands yeux devant les herbes vertes du
pré. Mais cette attention du peintre pour les
choses de la nature n'était qu'extérieure ; toute
son attention était tournée au-dedans de son
cerveau, où se promenait M. le bourgmestre tout
nu, tenant d'une main un paquet de vêtements
du plus beau neuf, de l'autre main un tas de
hardes qui n'étaient autres que celles du grenier.
Le bourgmestre, quoique logé à l'étroit dans le
crâne du peintre, entrait dans des discours sans
fin : — c'était un homme fort bavard de son
vivant ; — il plaidait le pour et le contre, deux
causes à la fois ; tour à tour il présentait ses
habits neufs avec une dissertation sur l'emploi à
en faire ; et il montrait ensuite ses vieux habits

avec des raisonnements non moins concluans. En
résumé, le bourgmestre, homme prudent, faisait
valoir les deux avis sans se prononcer pour l'un
ou pour l'autre. Le peintre, constitué en jury,
avait à résoudre cette terrible question : « Choisis
si tu l'oses. »

Van Schaendel se leva brusquement et retourna
dans la direction de la ville ; il était plus gai que
le matin, son pas était plus calme et moins fou ;
le sang de la figure était redescendu dans les
canaux habituels. Après une grasse nuit, Van
Schaendel se leva au petit jour, ouvrit sa cassette
et endossa toutes les vieilleries du feu bourgmestre,
et l'habit poussiéreux, et les culottes jaunes, et
les manchettes rousses, et le jabot sali, et le
fameux bas-cathédrale. Est-il besoin de dire que
la jambe gauche resta nue, tandis que la droite
se pavanait dans le monument de dentelles qui
malheureusement montrait par la rosace détruite
le genou du peintre ?

Le doute seul rend longue la besogne. Van

Schaendel, qui était sûr de tous ses effets, peignit avec une vitesse incroyable le portrait commandé. Ce fut un chef-d'œuvre de couleur. Quand il fut sec et convenablement verni, monsieur le bourgmestre, sur les épaules de deux porteurs, fut conduit en triomphe chez son petit-fils.

Van Schaendel, le soir à son dîner, était en train de dévorer un friand morceau de jambon fumé avec tout le contentement et le laisser-aller d'un homme qui a terminé une grande œuvre, lorsque Praet entra. Un homme qui tomberait de la lune n'aurait pas figure plus étonnée et plus stupéfaite. Le peintre le regarda et lui dit : Qu'y a-t-il?... vous me paraissez tout renversé. — Le portrait!... le portrait!... le portrait!..., s'écria le descendant du bourgmestre. — Serait-il crevé? dit Van Schaendel. — Non. — Eh bien ! vous l'avez reçu. — Hélas ! oui.

Après bien des explications, Van Schaendel comprit que le petit-fils se plaignait de ne pas avoir le portrait d'un bourgmestre, mais le portrait d'un homme de mauvaises mœurs, d'un coureur d'aventures, d'un voleur de grand chemin. — Oh! dit le peintre, vous ne l'avez pas regardé. — Au contraire, je ne l'ai que trop regardé... Il a une jambe nue, mon grand-père... un magistrat avec des accrocs partout... ce n'est pas possible.

Le possesseur du portrait supplia vainement le peintre de remettre son grand-père à neuf; jamais Van Schaendel n'y voulut consentir, ne sortant pas de son système exclusif de l'imitation des objets dont il avait la possession.—Au moins, dit le petit-fils, par grace, mettez un second bas aux jambes de mon grand-père. — Je veux bien, dit le peintre, mais vous me fournirez la paire complète. — Puisque vous ne peignez les objets que d'après nature, dit l'autre pour ultime raison, mettez le seul bas que nous ayons à votre jambe gauche. — Impossible, répondit le peintre; j'aurai alors la droite nue, jamais je n'arriverai à les mettre d'ensemble.

Un curieux et comique procès s'ensuivit, l'homme au portrait produisant ses preuves et alléguant la folie de Van Schaendel que lui et d'autres avaient pu voir courir à toutes jambes dans la ville ; mais le demandeur fut débouté.

Ce portrait resta dans le grenier du bourgeois Praet, indigné d'avoir sous les yeux un de ses ancêtres, magistrat d'une vie pure et irréprochable, habillé et débraillé comme un joueur qui a perdu son dernier écu. A sa mort, le portrait passa au musée de La Haye, où les touristes admirent encore cette splendeur de déguenillement, sans se douter, — car le catalogue ignorant n'en dit rien, — qu'il y a là-dessous un bourgmestre et un peintre à systèmes.

11 juillet 1847.

FEU MIETTE.

A M Édouard Thierry

FEU MIETTE.

—

Le Pont-Neuf, le plus vieux des ponts, a été *étrenné* par Brioché, saltimbanque. Brioché fut le premier qui exécuta des tours sur le Pont-Neuf. Après lui vinrent d'autres saltimbanques, des comédiens en plein vent, des montreurs de marionnettes, des arracheurs de dents. C'était le meilleur endroit de Paris pour les recettes. La statue d'Henri IV érigée sur le terre-plain, le préfet de police interdit le pont aux saltimbanques. Mieux valaient les saltimbanques. Ils étaient du moins plus divertissants que ce bronze, œuvre de quelque Marochetti de la restauration.

Miette vint un jour s'emparer de l'héritage de Brioché; il alla s'établir au bas du Pont-Neuf, sur le quai des Augustins. Il est là depuis vingt-cinq ans; il le dit avec orgueil, et il a raison. Trouvez-en beaucoup de comiques qui aient conservé la faveur du public aussi longtemps? La raison de ce succès tient à des causes occultes. Ce ne sont pas la *Poudre persane*, le taffetas pour les cors, les escamotages et le *pallas* de Miette qui ont fait son succès; son succès, il le doit au magnétisme qu'il exerce sur ses spectateurs par deux yeux petits et brillants d'où s'échappe une flamme qui fascine l'auditoire.

Miette sait bien quelle influence il a sur son public, mais il ne s'en rend pas compte. Dans la vie privée, il a l'œil d'un honnête homme, d'un rentier, d'un père de famille; ce n'est que le soir qu'il darde ses prunelles insidieuses. Il y

a cinq ou six ans, un directeur d'un petit théâtre,
le Luxembourg, s'il m'en souvient bien, vint
faire des offres à Miette. On avait écrit une pièce
pour lui, dans laquelle il devait réciter son *boliment*
habituel. Les propositions étaient avantageuses.
Miette refusa. — Monsieur, dit-il, je suis escamoteur, je ne veux pas être comédien !

Au premier abord, cette réponse paraît digne
des temps antiques ; elle n'est que rusée. Miette
craignait le gaz ; il craignait plus encore de ne
pas retrouver ce public vierge, ce public naïf
qui l'écoute la bouche ouverte, qui est plus at-
tentif à ses moindres paroles qu'à un cri de rage
de Frédérick Lemaître, à un cri de douleur de
Mme Dorval.

Dans la journée, rien ne révèle l'existence du
grand Miette. Seulement, la place où il *exerce*,
le soir, est occupée par un petit étal sur lequel
sont exposées diverses porcelaines, les unes neuves,
les autres cassées. Une bonne femme garde cette
boutique en raccommodant force nippes. Saluez !

passants, cette femme est madame Miette; oui,
madame Miette, la légitime épouse du saltimbanque. Vous la reconnaîtrez, l'été, à un vaste
chapeau de paille qui protège du soleil sa
bonne vieille tête ridée. L'hiver, elle porte assez
ordinairement une marmotte ornée d'agréments
en plumes noires, comme en mettent à leurs
chapeaux les charbonniers. Donnez-lui vos porcelaines à raccommoder, mais ne lui parlez que
peu ; surtout évitez de l'interroger sur son mari.
Elle cause peu habituellement; mais quand il s'a-
git de son mari, elle devient âpre, révêche, et se
sert d'une concision de langage telle qu'on pourrait la qualifier de mutisme.

Mme Miette *croit* à son mari. Trente ans de
ménage n'ont pu affaiblir son enthousiasme. Singulier privilège du génie masculin! Depuis vingt-
cinq ans, elle assiste à ses *exercices*, et elle les
trouve toujours agréables et nouveaux. Elle ne
se mêle pas aux travaux de Miette : elle s'y as-
socie à la manière des chats qui occupent le pre-

mier plan de la barraque de Polichinelle, et qui
en jouissent sournoisement sans faire mine de les
regarder.

Sitôt que l'horloge de la Vallée a annoncé aux
libraires du quai la cinquième heure du soir, Miette
arrive. Il ôte sa redingote et endosse une petite
veste d'artilleur dont les avant-bras sont coupés.
Cet habit coupé, dont on ne se rend pas compte
d'abord, indique assez l'habileté de l'escamoteur
et le mépris qu'il montre pour le charlatanisme.
A un certain cri lancé dans les airs et obtenu
sans *pratique*, les habitués accourent. Le fond
des habitués se compose de jeunes vauriens du
faubourg Saint-Germain, des apprentis de tout
âge et de tout état. Les soldats qui vont aux
Champs-Elysées dans le seul but de voir des arracheurs de dents, s'empressent de profiter d'un
saltimbanque aussi proche. Les paysannes, les
bonnes d'enfants se groupent. Le public est
complet.

Miette, pour *allumer* l'assistance, commence

8

par des tours d'escamotage. Il ne manque pas
un jour d'exécuter le tour de la poule, avec imitation de ce volatile en travail d'enfantement. Vient
ensuite le chapeau d'Adam, qui consiste à donner
à une casquette vingt formes différentes. — « Le
chapeau de nos pères, s'écrie Miette en se coif-
fant de la casquette affectant deux formes bien
accusées de cornes, ce qui met l'assemblée au
comble de la jubilation. »

La corne n'a jamais manqué son effet.

On rit de la corne le même soir aux Français
et aux Funambules.

Une comédie où il n'y aurait pas de cornes
n'aurait pas grandes chances de succès.

Les pièces où un mari passe sa tête par un
œil-de-bœuf au-dessus duquel est suspendu un
bois de cerf, sont à peu près assurées de cent
représentations.

La corne sera toujours le comble du drôle, et
le plus comique des effets comiques connus. —
Nous, qui n'avons jamais compris la finesse et

le sel de cette plaisanterie édentée, nous par-
donnons à Miette d'employer un moyen de succès
aussi vulgaire. C'est là, du reste, le seul reproche
sérieux que nous lui faisons.

Tout en faisant ses tours d'escamotage, Miette
commence ainsi : (1)

« Je ne vous dirai pas que je suis l'élève de Mlle Lenormand...
» Mlle Lenormand n'a jamais fait d'élèves. Je ne vous dirai pas
» que je suis le gendre ou le successeur du célèbre Moreau ;
» *mossieu* Moreau n'a jamais eu ni gendre ni successeur. Mais
» qu'es-tu donc, alors? Messieurs, je n'emprunte le nom à
» personne, je me nomme du mien, je suis MIETTE, l'un
» des sept fils du dragon de Paris Feu mon père était esca-
» moteur, mon frère était escamoteur, je suis escamoteur, je
» demeure rue Dauphine, n° 12, maison du marchand de vins,
» ce qui ne veut pas dire que je demeure chez le marchand de
» vins, c'est au contraire le marchand de vins qui demeure
» chez moi... J'ai travaillé trois fois devant l'ambassadeur de
» Perse, mais je ne me targuerai point de ce vain titre pour

(1) Ces discours que je tâche de rapporter avec une grande fidélité, ne seront
peut-être pas intéressants pour le public qui n'a pas entendu Miette Il y manque
le ton ; il y manque la vie de l'acteur On doit nier tout acteur mort Si les
vieillards savaient quels ennuis ils font éprouver à leurs auditeurs avec Lekain
et Talma

» vous dire que c'est l'ambassadeur de Perse qui m'a découvert
» le secret de la POUDRE PERSANE .. Il ne m'a jamais parlé ..
» D'ailleurs l'eût-il fait, je ne l'eusse pas compris, car il m'eût
» parlé persan, et je l'avoue à ma honte, je n'ai point étudié
» les langues orientales ; mais ce fut un des officiers de sa
» maison, mossieu *Ugene* BARRRBARRROUX.. Curieux d'ap-
» prendre à faire des tours, il m'en demanda et je les lui
» démontrai. C'était un élève agréable .. Il ne me payait pas
» avec des pommes-de-terre. (*Miette tire des pommes-de-*
» *terre de dessous les gobelets*) Et voici des pommes-de-
» terre. Il ne vous tirait pas de carottes, (*il fait surgir une*
» *carotte,*) et voici des carottes ; mais il y avait de l'ognon,
» (*même jeu.*) et voici de l'ognon ; aussi me faisait-il des
» complimen ts. Il me disait : *Mossieu* MIETTE, pour les tours
» de passe-passe et de gobelets, à vous le pompon (*il montre*
» *le pompon*), et voici le pompon ! J'en étais donc très-content,
» aussi vrai que voici a petite balle (*il escamote la petite*
» *balle*), la moyenne balle (*même jeu*), et leur camarade la
» grosse balle (*même jeu*). Un jour je me présentai chez lui ;
» il était en train de se nettoyer les dents. Cela ne m'étonna
» pas, la propreté de la bouche étant de tous les âges et de
» toutes les nations ; mais ce qui m'étonna, c'est ce qui va
» vous surprendre, c'est ce que, depuis trente-cinq ans que
» j'exerce sur cette place, je n'ai point encore vu ailleurs... La
» po dre dont il se servait était blanche comme de la neige
» (*il ouvre une boîte et la montre en faisant le tour du*

» cercle); à peine introduite dans la *bouche*, elle devenait
» cramoisie comme de la lie de vin » (*Il introduit dans sa*
bouche un linge frotté de poudre persane, s'en frotte les
dents et fait le tour du cercle en montrant au public le linge
devenu rouge. Il tient aussi la bouche ouverte de manière à
faire voir ses dents) « Voici, je l'espère, du cramoisi (*Il*
» *remet la boîte en place*) Curieux de ce phénomène, je
» m'en informai, il me le dit, et je l'ai gardé pour mo ... Voilà
» tout mon talent. Tant que l'ambassade de Perse resta en
» France, je ne parlai plus à personne ; une fois qu'elle en fut
» partie, je me présentai à l'académie *rrroyale* de ML-DL-CINL,
› j'exposai ma recette et j'obtins mon brevet, ce n'est pas
» plus malin que ça .. La POUDRE PERSANE, Messieurs, n'a
» que cinq propriétés ; mais elles sont irrécusables (*pause*).
» Elle blanchit en deux minutes, montre en main, les dents
» les plus noires (*pause*). Elle calme à l'instant la douleur de
› dents la plus vive (*pause*). Elle corrige la mauvaise haleine,
» toutefois et *quantes* la mauvaise haleine n'est point le pro-
» duit de la putréfaction de l'estomac (*pause*). Elle raffermit
» les dents ébranlées dans leurs alvéoles, en arrête la carie,
» en enlève le tartre et le tuf *(pause)*. Les dents sont un des
» agréments de la physionomie .. Une bouche qui est dé-
» n cublée n'en offre plus, et pourtant les dentistes vous les
» arrachent. L'homme le plus hardi tremble à la vue des ins-
» truments qu'il faut introduire dans la *bouche* pour opérer
» l'extraction de la dent la plus simple. » *(A ce moment, Viette*

déroulait une housse de dentiste dans laquelle se trouvaient *des instruments énormes et rouillés, espèces de tire-bottes monstrueux qui faisaient frissonner l'auditoire, Mielle se plaisait à prolonger la terreur en gardant le silence le plus complet, en promenant ces appareils de terreur devant toutes les bouches des curieux, qui se fermaient instinctivement.)* « Me direz - vous que vous voyez entrer » ces instrumens de sang froid dans la *boche? (Nouvelle* » *promenade autour du cercle avec la terrible trousse)* Non. » Eh b en ! gardons les ornements que la nature nous a dé- » partis, sans nous livrer aux mains barbares des opérateurs. » La POUDRE PERSANE nous épargne ces désagrements, et » voici la manière de s'en servir · Vous prenez un linge blanc, » de le sive que vous enroulez autour du doigt comme ceci » *(il opère en même temps et montre chaque exercice à la* » *ronde)*; vous le trempez dans l'eau, l'appliquez sur la » BOATTE, l'introduisez dans la *boche* et vous frottez les » dents avec.. puis vous prenez une gorgée et vous rincez *(il* » *l'avale; marque d'étonnement).* Comment, quoi, c . .., tu » l'avales? Oui, Messieurs, la POUDRE PERSANE laisse dans » la *boche* une odeur si suave, si exquise, si agréable, que » je n suis pas assez ennemi de mon estomac pour l'en priver » volontairement .. Avec toutes ces qualités, la POUDRE PER- » SANE coûtera donc bien cher? Non, Messieurs, nous l avons » m se a la portée de toutes les bourses Il y a des *bodtes* de » un franc et quinte centimes ou trente sous *(pause)* Il y a

» des *boates* de un franc ou vingt sous, qui so t les deux tiers
» des *boates* de trente (*pause*). Il y a des *boates* de soixante-
» et-qu nze cent mes ou quinze sous, qui sont les deux tiers
» des *boâtes* de vingt et la moitié des *boâtes* de trente (*pause*).
» Il y a des *boâtes* de cinquante ce ntimes ou dix sous, qui
» sont les deux tiers des *boâtes* de qui ze, la moitié des *boâtes*
» de vingt et le tiers des *boâtes* de trente (*longue pause*).
» Enfin, Messieurs, il y a des *boâtes*, dites *boâtes* d'essai ou
» d'épreuve, et que je ne vends que dix centimes ou deux
» sous (1). Messieurs, si la POUDRE PERSANE n'a pas rendu
» blanches en deux minutes, montre en main, les dents les
» plus noires. si elle n'a point arrêté la carie , si elle n'a
» point enlevé le tartre et le tuf .. si elle n'a point corrigé la
» mauvaise haleine, toutefois pourtant que la mauvaise ha-
» leine ne provient pas de la putréfaction de l'estomac .. si
» elle n'a point raffermi les dents dans leurs alvéoles, rendu
» leur couleur naturelle aux gencives... si elle n'a point enfin
» calmé en un clin d'œil la douleur de dents la plus vive,
» entrez dans ce cercle, démentez-moi, traitez-moi de fourbe
» et d'imposteur, prenez mon ordo nance, déchirez-la et
» jetez-m'en les morceaux a la figure .. Au cas contraire,

(1) Les jours ou l se ht peu, il cherch t à hun er les prat ques qui n a-
chetaient que des cl es de deux sous, en appuyant f rtement sur ces mots « une
boate de deux sous a osieux », nul en le se se v r la terme p l *l'edt d'essai*
qu le il y a t seule ne t ans les occas ons de for vente

» Messieurs, dites-le a vos amis et connaissances, et rendez
» moi justice ! »

Mais ce qui a fait le malheur de Miette, ce
qui l'irrite quotidiennement, ça été l'invention
de la *lime chimique* pour la destruction des cors.
Tous les soirs, il se répand en imprécations contre
la lime chimique. Ne serait-ce point là un bas
mouvement de jalousie, car Miette s'occupe aussi
de la guérison des cors, oignons, durillons *et
autres* (sic), qui font le désespoir de tout homme
qui descendrait assez gaiment le fleuve de la vie
sans ces infirmités de bas étage.

« Mais on vous dira peut-être, ne l'écoutez pas, c'est un
» charlatan . Charlatan! (*Avec indignation c ntenue*) Savez-
» vous, Messieurs, ce que c'est qu'un charlatan, la liste des
» charlatans est entre les mains de *mossieu* le procureur du
» roi et non point sur la place publique. — Un charlatan est
» un homme qui promet ce qu'il ne peut pas ten r. — De-
» couvertes universelles? — *Charlatans !* Un homme ne sau-
» rait tout découvrir à lui tout seul. Eh bien ! et les autres,
» ils seraient donc là les bras croisés à le regarder faire. —
» Allons donc !! Panacées, remèdes à tous maux ? — *Char-
» latans !* Un remède qui est bon pour une maladie n'est pas

» bon pour une autre. Me ferez vous croire que vous guérirez
» le mal de tête avec ce qui guérit les cors aux pieds — Char-
» latans, et qui plus est, charatans imbécilles

» Ils l'ont pourtant essayé. — Ils ont pris vos pieds pour des
» barres de fer; et la preuve, c'est qu'ils les ont limés. —
» Vous irez donc, quand vous souffrirez d'un cor, chez le ser-
» rurier voisin, poser le pied sur son enclume, et lui direz :
» limez-moi mon cor !!! *Charlllalans.* Oui, Messieurs, il y a
» bien un moyen de guérir les cors; mais ce n'est point avec
» leur *lime chimique.* — lime chimique ! Pourriez-vous me
» dire ce que c'est qu'une lime chimique? vous m'obligeriez
» infiniment (*s'adressant à un gamin.*) Peux-tu me le dire,
» toi? — Non, tu n'en sais rien, ni moi non plus. — J'ai con-
» sulté Boiste, Vailly, Restaut, Poche (*il confondait avec le
» dictionnaire de poche*), Napoléon Landais, le dictionnaire
» universel, le dictionnaire de pharmacopée, et nulle part je
» n'ai trouvé ce mot *lime chimique.* Est-ce donc à dire que
» la lime chimique n'existe pas? Si, Messieurs, malheureu-
» sement elle existe, mais elle ne sert à rien qu'à faire des
» dupes; car, que peut avoir de commun un composé de bois,
» de verre pilé, de vermillon pour la rendre rouge, d'indigo
» pour la rendre bleue, avec les cors aux pieds qui sont un
» produit des humeurs cynoviales. Répétons-le donc; limes
» chimiques, *charlatans !* — Mais ils ont vendu cent mille
» limes chimiques à un franc la lime, cela leur a fait cent
» mille francs avec lesquels ils ont passé pied en Belgique.

» Voulez-vous savoir où se trouve le dépôt général des limes
» chimiques ? Doubles guides sur la route de Bruxelles

  » Oui, Messieurs, les cors se guérissent, et j'en ai le moyen.
» — Je ne l'ai pas inventé, je n'ai rien inventé; mais je l'ai
» pris dans un livre que voici et que vous pouvez vous procurer
» comme moi. Il se vend cul-de-sac Faron, à l'enseigne du
» Chat-qui-Pelotte. — Imprimé à Paris en 1738, par *mossieu*
» Laforêt, chirurgien pédicure de Sa Majesté Louis XV,
» membre de l'académie de médecine de Paris, de celle de
» Montpellier, de la société libre des sciences de Turin, et de
» plusieurs autres têtes couronnées et corps savants; celui-là
» n'était pas un *Charlatan*. Le remède qu'il donne est bien
» simple, vous pouvez le préparer vous même comme moi;
» car je vais vous en dire la recette.

  » Il se compose de :

        » Térébenthine. . . .   .   8 gros.
        » Gentiane . . . .   2 grammes.

  » Tout cela compose le ciroëne royal. Si vous ne voulez pas
» vous donner la peine de le faire vous-même, je me la suis
» donnée pour vous.

  » Avec ce morceau de ciroëne qui vous coûtera deux sous,
» vous aurez de quoi guérir trois cents cors aux pieds. Pour
» le franc que vous aurait coûté la lime chimique qui n'a ja-
» mais guéri un cor, vous aurez de quoi en guérir radicalement
» *six mille*.

» Rentré chez vous le soir, vous défaites votre chaussure,
» vous mettez le pied à nu, vous le dégagez de sa cor, vous
» coupez sur le cirocne un emplâtre de la grandeur du cor,
» vous l'amollissez avec votre haleine et l'appliquez dessus en
» entortillant l'orteil d'un linge pour qu'il ne s'en aille pas.
» Le lendemain matin le cor est-il guéri? – Non, mais il ne
» fait plus de mal.

» Répétez plusieurs jours de suite, et le cor sera radica-
» lement guéri »

Une des preuves du génie de Miette, c'est qu'il n'emploie pas de compères. Il travaille seul. Ce n'est pas lui qui se servirait d'un *pitre* grossier qui arrête un public grossier, par de sales histoires remplies de mots obcènes. Il sait qu'il a un public jeune, et il ne s'est jamais permis le moindre mot à double entente, n'étaient les cornes, sa seule faiblesse. Et qui n'en a pas?

Miette est petit et gros. Son *sac à la malice* est attaché par des cordons qui s'enroulent difficilement à sa taille. Il a un petit nez en l'air d'une grande finesse de dessin, qui est bien un nez d'observateur. Chose étonnante, Miette a très

peu de front ; joignez à cela l'habitude de faire
avancer sur les yeux une touffe de cheveux gri-
sonnants. La puissance de son œil est masquée
par deux paupières très-avancées, qui forment
presque deux écailles d'huitre. Comme toutes les
personnes qui ont des paupières de cette nature,
il est obligé de rejeter un peu sa tête en arrière,
pour regarder en face. Une de ses épaules est
un peu plus forte que l'autre, ce qui a fait
avancer à quelques envieux, sans doute, que
Miette était bossu. Les gens de génie ont toujours eu des détracteurs ! Miette n'est pas bossu,
mais il en a l'esprit.

Son organe lui a été très-utile ; aussi, faut-il
l'avoir entendu au moins cinq fois pour comprendre la domination qu'il exerce sur les masses.
La voix de Miette est aigre et stridente ; on la
croirait le fruit des amours d'une girouette et
d'une crécelle. Cette voix rend merveilleusement
chaque phrase ; elle s'enfle, elle arrive à un
crescendo extraordinaire pour le mot de la fin qui

retentit longuement dans les airs, comme s'il
était répercuté par un écho.

Dans son intérieur de la rue Dauphine, Miette
devient simple comme bonjour. Il est très-aimable
avec les personnes qui vont lui rendre visite. Il
apprend à faire des tours de cartes — encore un
moyen de se rendre agréable en société. Il parle
avec enthousiasme de Napoléon, dont il possède
le portrait. Il raconte volontiers la connaissance
qu'il fit *avec* Carle Vernet. Miette alors était
obscur; il ne s'était pas encore trouvé. Carle
Vernet, grand chercheur de figures curieuses
pour ses caricatures, le rencontra faisant des
tours de gobelets, mais entouré d'un public pâle.
« Il attendit jusqu'à la fin, dit Miette, et il me
proposa de me faire mon portrait. Vous pensez
bien, monsieur, que j'acceptai. Nous entrons
chez le marchand de vins du coin. Le peintre
fait venir une bouteille à quinze. Nous buvons,
le voilà qui se met à en conter de toutes les
couleurs, il fait des calembourgs, j'en ris encore.

Et puis il me dit : — C'est fini, voici cent sous
pour ta peine... — Je ne voulais pas recevoir,
moi, de l'argent d'un homme si amusant, que
c'était moi plutôt qui devais le payer. — Bon,
que lui dis en riant, vous êtes artiste, j'en sais
quelque chose, vous n'en avez pas de trop pour
vous... Ah! bien oui, il n'entend pas tout ça; il
ne veut pas reprendre sa monnaie... Moi, je veux
payer le vin... le vin était payé... — Ah! ça,
camarade, je lui dis, je me fâche pour de bon;
nous allons redoubler... Garçon, une autre bouteille à quinze... Figurez-vous, monsieur, qu'il
était sauvé avec le portrait, sans crier gare, sans
me laisser son nom... Qu'est-ce que je vois un
jour à l'étalage de Martinet, mon portrait tout
craché, ma ressemblance, quoi!... Il y avait un
nom au bas, Carle Vernet... J'entre chez le
marchand; il me dit que c'est un grand peintre
qui fait de la caricature pour s'amuser... Je *suis
été* trois, quatre fois chez lui, on ne le trouvait
jamais; c'est si coureur, ces artistes... Enfin,

monsieur, il m'a porté bonheur ; on a voulu voir
si je ressemblais à la caricature... Il y a peut-
être de ça huit ans, je travaillais sur le quai. Un
vieux monsieur bien mis, décoré, s'arrête à
m'écouter. — Je connais ce vieux-là, que je dis
à ma femme.

» Après la séance, il me dit : Vous ne me
reconnaissez pas, mon brave. — Attendez donc
un peu, je réponds, je vous ai vu quelque part...
Ah ! vous êtes M. Carle Vernet, je gage. — Vous
avez la mémoire des physionomies, dit-il en
riant. — Oui, et j'ai encore la mémoire d'autres
choses. Pourquoi que vous vous êtes couru comme
ça de chez le marchand de vins, l'autre fois...
— L'autre fois, il y a dix-huit ans de cela. Il
avait raison ; il était bien vieilli, bien cassé. Je
n'ai pas osé lui offrir une bouteille, c'était bon
dans le temps que je ne le connaissais pas. —
Eh bien ! les affaires qu'il me dit. — Là, M. Carle,
ça va et vient, je ne me plains pas. — Allons,
tant mieux, mon ami, et il me donna une poi-

gnée de mains... Depuis, j'ai su que ce pauvre vieux M. Carle était mort... Ma parole, j'ai pleuré... Tenez, j'ai là son portrait que j'ai acheté... Ah! le brave homme. Il paraît qu'Horace Vernet est son fils... Ah! sacristi, en voilà un particulier pour la bataille. J'ai vu son fameux tableau de la Smalah. Eh bien, monsieur, je ne demande qu'une chose avant de mourir, c'est de pouvoir dire au fils que je pense toujours à son brave père Carle. »

Miette était ému en me racontant cette histoire. Je le quittai en songeant à ce grand cœur qui battait sous un habit de saltimbanque, et je compris alors cette phrase à la Bossuet, cette pensée qu'on jurerait écrite par La Rochefoucault et que Miette a le courage de crier tous les soirs en plein air :

« UN ESCAMOTEUR EST UN HOMME QUI EST PÉTRI DU MÊME LIMON QU'UN MARÉCHAL DE FRANCE. »

On devrait écrire, en lettres d'or, cet axiôme

sur le tombeau de Miette , au cas où il aurait un
tombeau.[1]

6 octobre 1845

(1) Mon admiration pour Miette date de loin. J'ai connu le
célèbre escamoteur, il y aura tantôt sept ans. Alors j'étais
commis-libraire sur le quai des Augustins; bien des fois mon
patron me surprit la bouche ouverte, — qui est le signe de la
plus profonde attention — devant les tours de Miette.

Il n'est plus, hélas! J'ai appris l'an passé, en province, sa fin.
Le convoi était triste et peu nombreux ; personne n'a récité de
discours sur la tombe du saltimbanque. Que ceci lui serve
d'oraison funèbre !

PROFILS

DE BOURGEOISES.

A M. Paul Grubalhe,

M. Oudin, employé à la mairie; physique d'un homme qui porterait constamment une plume derrière l'oreille.

Mᵐᵉ Oudin (Félicité); avant le mariage, elle était une demoiselle Trousseau.

Mᵐᵉ Precharmant; d'une bourgeoisie plus relevée et de meilleures manières que Mᵐᵉ Oudin.

Mˡˡᵉ Julie Mondain, vieille fille sans emploi; passant la journée chez ses connaissances pour ne pas user de bois; reçue partout par crainte de ses mauvais propos. Faux tour. Elle prise.

M. Pretend, célibataire de 45 ans, bavard, ayant des prétentions à la jeunesse. Ne quitte son chapeau blanc que le 30 octobre.

PROFILS
DE BOURGEOISES.

(La scène se passe rue Coquillette, chez M. Oudin.)

SCÈNE Iʳᵉ.

Mᵐᵉ OUDIN, Mᵐᵉ PRÉCHARMANT

Mᵐᵉ OUDIN.

Vous dites, madame Précharmant, que madame Joret-la-jeune est morte. C'est étonnant, il n'y a pas huit jours encore, elle avait apporté son tricot ici pour travailler.

Mᵐᵉ PRÉCHARMANT.

C'est le médecin qui l'a tuée. Figurez-vous, ma chère dame, qu'on lui faisait prendre des

bains deux fois par jour. Les bains affaiblissent ;
elle ne mangeait pas avec ça.

Mme OUDIN.

Je ne m'étonne plus alors ; du reste, les mé-
decins n'en font pas d'autres.

Mme PRECHARMANT

C'était une bien brave femme.

Mme OUDIN.

Ouh ! ouh ! il y avait des jours.

Mme PRECHARMANT.

Bonne tout à fait avec les pauvres.

Mme OUDIN.

Ça ne lui coûtait pas cher, elle était dame de
charité ; vous savez, il y a des dames de charité..... je m'entends.

Mme PRECHARMANT.

Croyez-vous ?

Mme OUDIN.

Oui, oui, quand on touche à la pâte, il en
reste toujours après les doigts.

Mme PRÉCHARMANT.

Ah! qu'est-ce que vous me dites là?

Mme OUDIN.

Ce que j'en dis, voyez-vous..... Enfin c'était l'opinion du quartier.

Mme PRECHARMANT.

Tiens, moi je l'aurais crue plus honnête. Et son mari?

Mme OUDIN.

En voilà encore un qui n'a pas pour deux liards à vivre. Il tient à la vie par un fil ; du reste, ça ce voit sur sa figure. Madame Joret-la-jeune croyait bien qu'elle l'enterrreait, allez. C'est une vraie squelette cet homme-là.

Mme PRÉCHARMANT.

Nous avons des personnes qui prétendent qu'il mange peu.

Mme OUDIN.

Le matin, elle lui faisait des pommes cuites;

à midi, souvent il prenait un œuf à la coque ; et le soir à dîner, ça faisait pitié de le voir manger.

Mme PRÉCHARMANT.

Oui, c'est trop peu pour un homme.

Mme OUDIN.

Ne dites pas ce que je vais vous dire. Sa femme est morte hier, et je me suis laissé dire qu'il pensait déjà à se remarier.

Mme PRÉCHARMANT

Ah ! quelle horreur ! et peut-on sans indiscrétion, vous demander avec qui ?

Mme OUDIN.

Quant à ça, je n'en sais rien ; le vieux cachait son jeu. (*Mystérieusement.*) Il avait des intrigues en ville.

Mme PRÉCHARMANT.

Oh ! Un homme si chétif que ça !

Mme OUDIN.

Mais qu'est-ce qui va avoir un fameux pied de nez, c'est Mme Nonotte et Mme Souvent, les deux sœurs de la défunte. Si M. Joret-le-jeune se remarie, adieu la succession. Ces gens-là croyaient déjà tenir l'argent ; ils se disaient : — V'là ma sœur morte, son mari n'ira pas long-temps. Je sais tout ça, moi, que même aujour-d'hui les deux belles-sœurs se battent froid, pour des robes que Mme Joret-la-jeune aurait laissées.

Mme PRECHARMANT.

Alors, c'est bien fait qu'il se marie.

SCÈNE IIe.

Mme Precharmant, Mme Oudin, Julie Mondain, *entrant*

JULIE MONDAIN.

Bonjour, Mesdames ; qu'est-ce que je viens d'apprendre ; Mme Joret la jeune est morte? Vous devez savoir un tas de choses, Madame Oudin, vous qu'êtes voisine. Contez-moi ça.

Mme OUDIN.

Ah! mon Dieu! je ne sais presque rien. Vou-lez-vous du feu dans votre couvé?

JULIE MONDAIN.

Oui, il fait si froid que j'en ai la *piquette*. Nous aurons bien froid, demain, à l'enterrement, car nous irons.

Mme OUDIN.

Je crois bien. C'est égal, moi, je n'aime pas les enterrements.

JULIE MONDAIN.

Il faut bien que chacun y passe.

Mme PRÉCHARMANT.

C'est ce que disait le nouveau vicaire qui a prêché dimanche dernier.

Mme OUDIN.

A propos, comment est-il, prêche-t-il bien?

JULIE MONDAIN.

C'est un jeune curé qui a bon ton, bonnes manières; bien sûr qu'il invente tout ce qu'il dit. Et puis, il a l'air si doux.

Mme PRÉCHARMANT.

Oh! oui, c'est un orateur; et il a salué les

dames en s'en allant. C'est étonnant comme le temps passe chez vous, madame Oudin; déjà trois heures, et ma soupe qui n'est pas sur le feu! Il faut que je m'en aille.

Mᵐᵉ OUDIN.

Alors, je ne vous retiendrai pas; je sais ce que c'est; si M. Oudin ne trouvait pas sa soupe prête en rentrant, il ferait des cris de paon.

Mᵐᵉ PRECHARMANT.

Allons, Mesdames, nous nous reverrons demain à l'enterrement. (*Elle sort.*)

SCÈNE IIIᵉ.

Julie Mondain, Mᵐᵉ Oudin.

Mᵐᵉ OUDIN.

Avez-vous idée d'une pareille jacasse?

JULIE MONDAIN.

A propos, avez-vous remarqué sa robe?

Mᵐᵉ OUDIN.

C'est ce que j'allais vous dire. Encore une robe neuve.

JULIE MONDAIN.

Elle ne lui coûte pas cher, allez ; vous savez
sa robe gros-bleu...

Mme OUDIN.

Oui , qui lui engonçait les épaules.

JULIE MONDAIN.

Eh bien, il y avait deux ans qu'elle l'avait.
Je n'en aurais pas voulu pour faire un jupon.
Pas du tout, madame économe l'a donnée au
teinturier qui demeure près de chez moi; c'est
lui qui m'a dit : —- Je ne sais pas comment
qu'une vieillerie comme ça résistera à la teinte ,
je vas lui rendre des loques, c'est sûr... Enfin il
l'a teinte, c'était mince comme toile d'araignée.
Madame économe y met des pièces, des morceaux, y fait des reprises, tout le diable et son
train. Elle la double avec sa robe lilas à petites
fleurs.

Mme OUDIN.

La petite maigre de robe qu'elle avait c't'été?

JULIE MONDAIN.

Vous y êtes. Qu'avait coûté 9 sous l'aune ; et la voilà qui fait ses grands bras dans les rues avec.

Mme OUDIN.

C'est tout comme son chapeau.

JULIE MONDAIN.

Oh ! dites-moi, je ne sais pas l'histoire du chapeau?

Mme OUDIN.

Je la tiens de ces demoiselles Placet qui travaillent pour elle. — Elle achète une forme de chapeau, du taffetas noir, en marchandant comme un Juif. Elle m'avait emprunté une ceinture jaune. Jugez si j'y tenais, c'était ma ceinture de noce, M. Oudin l'aimait beaucoup. Je ne vois plus revenir ma ceinture jaune, et M. Oudin me disait tous les jours : — Pourquoi ne mets-tu plus ta ceinture jaune? Il est de fait qu'elle m'avantageait la taille. Je m'en vais chez Mme Précharmant : vous pensez si un tel procédé de-

vait me rendre la figure aimable. Ah! mon Dieu,
me dit-elle, je parie que vous venez pour votre
ceinture. — Elle me dit.... devinez un peu ce
qu'elle me dit?

JULIE MONDAIN

Il faut s'attendre à tout de la part de ces
gens-là.

Mme OUDIN.

Elle me dit : J'en suis aux cent coups, je ne
la trouve plus.

JULIE MONDAIN.

O! mon doux Seigneur !

Mme OUDIN.

Je lui dis, mais comment cela se fait-il! je
vous prête une ceinture, on ne perd pas une
ceinture. Elle me dit : — Je la chercherai, bien
sûr elle n'est pas perdue; peut-être que ma petite a fait des *foufes* avec; mais je lui donnerais
le fouet, si cela était. Je lui dis, si votre petite
a fait des *foufes*, quand même vous lui donneriez
le fouet, ça ne me rendrait pas ma ceinture.

JULIE MONDAIN.

Vous avez parfaitement raison.

Mme OUDIN.

Qu'est-ce que je vois plus tard à son chapeau, mes rubans... non... ma ceinture jaune, elle en avait fait des rubans. Est-ce là un procédé assez inconsidéré?

JULIE MONDAIN.

Oh! mais moi, je n'aurais pas laissé passer cela, je l'aurais attaquée devant le *juré*.

SCÈNE IVe.

M. Prétend, Julie Mondain, Mme Oudin.

Mme OUDIN.

Bonjour, monsieur Prétend, vous devenez rare comme les beaux jours.

M. PRÉTEND.

Madame et mademoiselle, j'ai bien l'honneur de vous présenter mes hommages. Et la santé, madame Oudin?

Mᵐᵉ OUDIN.

Je vous remercie, Monsieur, et la vôtre...

M. PRÉTEND.

J'ai toujours mes tiraillements d'estomac.

Mᵐᵉ OUDIN.

Par ces temps-ci, ce n'est pas étonnant ; approchez donc du feu, je vous prie.

M. PRETEND.

Et qu'est-ce que vous me direz de neuf, madame Oudin ?

Mᵐᵉ OUDIN.

C'est plutôt à vous qu'il faudrait le demander. Je ne sors pas de chez moi, je suis tout entière à mon ménage.

M. PRÉTEND.

On dit dans la ville que Mᵐᵉ Précharmant pourrait bien remplacer au bureau de charité cette pauvre madame Joret-la-jeune.

JULIE MONDAIN et Mᵐᵉ OUDIN.

Mᵐᵉ Précharmant ! impossible.

M PRETEND.

Ce n'est qu'un bruit...

Mme OUDIN.

Oh! pas possible, après ce qu'elle nous disait encore ce matin. Moi, je sais bien que je n'accepterais pas une pareille place. Si c'est un honneur, c'est un maigre honneur. Et puis il faut avoir une autre réputation que Mme Précharmant pour être nommée dame de charité. Si vous saviez ce que je sais sur son compte. Tenez, j'en parlais à mademoiselle Julie comme vous entriez.

M. PRÉTEND.

Vraiment. Serait-il indiscret de vous en demander la narration?

Mme OUDIN.

Ce serait trop long, et puis ça m'agace rien que d'y penser.

M. PRÉTEND *mystérieusement.*

N'est-ce pas des intrigues?

Mme OUDIN.

Il ne manquerait plus que cela.

M. PRETEND.

Écoutez, je suis payé pour le savoir ; je n'affirme rien, je dis seulement ce que j'ai vu. Il y a une huitaine, passant le soir près de sa maison, sur le derrière, je vois un homme, jeune encore, autant que j'en ai pu juger par l'obscurité, qui s'appuyait contre le mur des remparts. Cela me met la puce à l'oreille.

JULIE MONDAIN

Je vois l'affaire.

M. PRETEND.

Patience ! Vous n'y êtes pas. Cet homme, surpris et voulant cacher son jeu, s'approche du mur et feint de... pardon, Mesdames, mais il faut tout dire, il feint de satisfaire à un besoin naturel.

Mme OUDIN, *impatiente.*

Et...

M. PRETEND.

Je continue ma route, c'est-à-dire je fais semblant ; il y avait de l'ombre projetée par un angle

de muraille, lui, le jeune homme, etait éclairé
par la lune...

JULIC MONDAIN.

Et...

M. PRETEND

Attendez, voici le beau de l'affaire; le jeune
aventurier se met à siffler un air...

Mme OUDIN

Plus de doute, c'était le signal.

M. PRETEND.

Ce devait être le signal. Je retiens ma respi-
ration pour mieux entendre si on lui répondrait,
je me blottis dans mon angle sans remuer, enfin,
j'entends....

Mme OUDIN.

Ah!

JULIE MONDAIN.

Vous avez entendu!

M. PRÉTEND.

J'entends des pas qui se dirigent de mon côté :
c'était le jeune homme. Je prends mes jambes à

mon cou; je volais, Madame, et j'arrive tout
tremblant chez moi, tout en sueur; ça m'a valu
un rhume énorme. Mais c'est égal, je suis fixé
sur Mme Précharmant...

JULIE MONDAIN.

Pardi, c'est assez clair.

Mme OUDIN.

Si c'est clair, je crois bien. Vous n'avez pas
entendu, mais c'est la même chose. Il est pré-
sumable qu'elle n'aura pas pu venir au rende-
vous. Quel jour était-ce?

M. PRETEND.

Vendredi dernier.

JULIE MONDAIN.

Vendredi, elle a dû dîner avec son mari chez
M. Sénégra. Il paraît qu'il avait acheté ce jour-
là un brochet au marché, et M. Sénégra n'est
pas homme à acheter un brochet pour lui seul.

Mme OUDIN.

Notez qu'il n'y a qu'eux qui savent trouver le
moyen de vivre avec M. Sénégra; aussi ils ne se
font pas faute d'aller manger chez lui.

M. PRETLND.

Surtout, madame, n'en dites rien à personne,
je vous le dis à vous...

Mme OUDIN.

Oh! soyez sans crainte de ce côté-là. Mais
comment voulez-vous, maintenant, qu'une femme
comme ça, violente, gourmande, de mauvaises
mœurs, soit dame de charité?

M. PRETEND.

Ça regarde le conseil municipal. Elle va in-
triguer chez l'un, chez l'autre; le maire est de
ses amis, et quand je dis amis, je m'entends.

JULIE MONDAIN.

Il y a longtemps de cela, c'était aux alliés.

Mme OUDIN.

Je me suis laissé dire qu'elle aimait beaucoup
les officiers prussiens.

JULIE MONDAIN.

L'indigne! des sauvages!

M. PRÉTEND.

Mesdames, je suis désolé d'être obligé de

terminer une conversation aussi attrayante, mais
on m'attend dans une maison.

Mme OUDIN.

Quoi, si tôt. Vous reviendrez au moins un de
ces quatre matins.

M. PRETEND

On ne peut me reprocher que cela, c'est d'être
toujours pendu après les gens.

Mme OUDIN.

Sans adieu donc, M. Prétend. (*Il sort.*)

JULIE MONDAIN.

Je profiterai de l'occasion pour vous tirer ma
révérence.

Mme OUDIN.

Vous aussi, c'est donc un parti pris?

JULIE MONDAIN.

Non pas, mais vous savez, Madame Oudin,
que chacun a ses petites affaires.

Mme OUDIN.

Adieu, Mademoiselle Julie. (*Elle sort.*)

SCÈNE V.

Mᵐᵉ OUDIN, PUIS M. OUDIN.

Mᵐᵉ OUDIN, *seule*.

Voilà des nouvelles! j'irai demain chez ces demoiselles Placet. Vont-elles être contentes. Elles en sauront, et... (*M. Oudin entre*). Ah! te voilà déjà, Monsieur Oudin?

M. OUDIN

Comment déjà, mais je sors du bureau à l'heure. La table n'est pas mise?

Mᵐᵉ OUDIN

Tu le vois bien. Je suis en retard, il est venu beaucoup de monde cette après-midi.

M. OUDIN.

Qui ça?

Mᵐᵉ OUDIN.

Mᵐᵉ Précharmant d'abord, Mˡˡᵉ Julie et M. Prétend.

M OUDIN.

Je t'ai déjà dit mille et mille fois que je ne voulais pas de Mˡˡᵉ Julie chez moi, encore moins

de M. Pretend, un petit animal, sot, bavard et
compromettant. Quant à Mme Précharmant, ça
m'est égal.

Mme OUDIN.

Vois comme tu es! Mme Précharmant est en
ce moment la dérision de toute la ville.

M. OUDIN.

Parce qu'elle vaut mieux que toutes ces ba-
vardes de Julie Mondain et autres. Ah! ça, mets
la table, en attendant j'ai une faim de cheval.

Mme OUDIN.

Tu attendras un peu, si tu veux bien. Rien
n'est cuit.

M. OUDIN.

Comment, rien n'est cuit?

Mme OUDIN.

Je croyais qu'il n'était que trois heures.

M. OUDIN.

Je me moque bien de tes croyances; j'ai faim.

Mme OUDIN.

Ne dirait-on pas qu'il n'a pas mangé de huit
jours!

M. OUDIN.

Allons, veux-tu mettre la table. Ton pot-au-feu est cuit, au moins?

Mme OUDIN.

S'il était cuit!

M. OUDIN, *s'exaspérant.*

Comment le pot-au-feu n'est pas cuit, qu'est-ce qu'il y a alors?

Mme OUDIN.

Il y a... il y a...

M. OUDIN.

Eh bien?

Mme OUDIN.

Il y a...

M. OUDIN.

Je m'en vais moi-même à la cuisine, puisque tu ne veux pas le dire. (*Il sort.*)

Mme OUDIN, *seule.*

Ah! mon Dieu! je suis perdue!

M. OUDIN, *rentrant en fureur.*

Le fourneau n'est pas allumé. Voudrais-tu m'en dire la raison?...

Mme OUDIN.

C'est Julie Mondain et M. Prétend...

M. OUDIN.

Encore. Va-t'-en au diable avec ces gens-là.
Me donnent-ils à dîner?

Mme OUDIN.

A-t-on idée d'un homme aussi brutal?

M. OUDIN.

Tu as dit brutal, je crois Tiens. (*Il lui donne
un soufflet.*)

Mme OUDIN, *pleurant.*

Lâche, tu bats une femme.

M. OUDIN.

Il me semble que tu m'as appelé lâche. (*Il lui
donne un autre soufflet.*)

Mme OUDIN.

Despote! Sans cœur! Grossier personnage!
Jésuite!

M. OUDIN.

Ah! despote! (3e *soufflet*); sans cœur! (4^e
soufflet); grossier personnage! (5e *soufflet*); jé-

suite! (*pluie de soufflets*). Ah! tu passeras ton temps à bavarder, tu ne me feras pas à diner et tu viendras m'insulter.

Mme OUDIN, *sanglottant.*

Je le savais bien, en t'épousant que tu ferais mon malheur.

M. OUDIN.

C'est plutôt toi qui fais mon malheur en ne faisant pas ma soupe.

Mme OUDIN, *toujours en larmes.*

Je vais la faire votre soupe. C'est le pot-au-feu d'hier, il n'y a qu'à le faire réchauffer. Mais vous verrez....

M. OUDIN.

Encore des menaces. Allons, vas à ta cuisine, Félicité. Avant, viens faire la paix. Qu'est-ce que je demande, moi? Que mon diner soit prêt à l'heure. Au lieu de cela, tu te croises les bras, tu vas et viens chez ta voisine; tu ne me raccommodes pas mes pantalons. Est-ce là une position sociale? Non. Moi, je me fâche, tu sais combien je suis violent. (*Mme Oudin fond en sanglots.*) Allons, Tété, venez dire bonjour à votre petit mari, dites-lui que vous n'êtes pas fâchée.

Mme OUDIN

Mais vous savez bien....

M. OUDIN l'embrasse.

Nous ne sommes plus fâchés? Vas vite faire chauffer ma soupe. (*Mme Oudin s'en va*).

SCÈNE VI.

M. OUDIN, *seul.*

Ah! les femmes! les femmes! il n'y a que ce moyen de les rendre souples. (*Criant.*) Ça chauffe-t-il, Zizi?

Mme OUDIN, en dehors.

Je l'apporte.

24 mars 1815

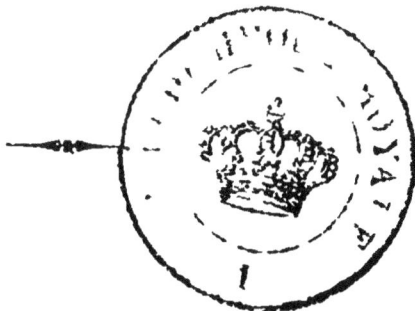

TABLE.

www.ingramcontent.com/pod-product-compliance
Lightning Source LLC
Chambersburg PA
CBHW050003100426

42739CB00011B/2483